立ち読みでも

構いませんので……

立ち読みでも構いませんので、ここだけは読んでください。

「知らないと後悔する
リフォーム金額の本当の話」

本文18ページで解説していますが、同じリフォーム内容でも工事金額が350万円の業者もいれば500万円の業者もいます。この差には**建築業界独特の仕組み**が関係しています。**適正な価格**でリフォームするためには欠かせない内容なので、**立ち読みでも結構です**。この部分だけは読んでください。

家のリフォームをする前に、この本を手に入れられた方はとても幸運だと思います。なぜなら本書には、これまで建築業界でひた隠しにされて、一般の消費者がなかなか知ることのできなかった**秘密の情報**が書かれているからです。

その情報とは、建築業界の人であれば誰もが納得できるような**リフォーム費用の節約方法と欠陥工事の予防策**です。ところが、この情報を多くの消費者が知ってしまうと、リフォーム会社は都合が悪くなるので、営業マンは教えてくれないのです。

はっきりと断言できますが、本書で書かれた情報を知っているのと知っていないのでは、同じリフォーム内容でも工事金額に**２～３割**ほどの差が、またリフォームの仕上がりや出来栄えにも**歴然とした差**が生れてしまいます。この方法を一般の消費者にも公開するのが、本書の目的です。

マンガ①

この本を読んだ人と読んでいない人の差

ここで問題で～す!
リフォームはまず何から始めたらいいでしょうか?

業者選び　　　　必要最低限の知識を身に付ける

❶

❷

❸

❹

❺

❻

「超簡単」60分でわかる！リフォーム・外壁塗装の教科書

目次

外壁塗り替えリフォームで失敗しないための12の自己防衛知識

お得にリフォームするために

マンガ②

リフォームは依頼先によって工事金額が○百万円単位で安くなる?

リフォーム営業会社に依頼したAさん

工務店に依頼したBさん

詳しくは18~25ページをお読みください。

大規模リフォーム成功の秘訣は「建築家の活用」にあり

① 相談

「建築家」とは、住宅の設計・デザインを専門に行っている建築士のことです!

② プラン

建築家は、設計のプロならではの提案力で、お客様の期待以上のプランをつくりあげます!

③ 打ち合わせ

建築家は、とことん打ち合わせを重ねて、お客様だけのベストプランを完成させます!

④ 工事業者選定

建築家は、完成したベストプランで工務店数社に相見積を取ります。その中から適切な工事店を選ぶサポートもしてくれます。

⑤ 工事中

建築家は、工事が図面通りに進んでいるか厳しくチェック(監理)してくれます。

⑥ 完成

このように建築家は、お客様の心強いパートナーとなり、リフォームを完成させてくれます。

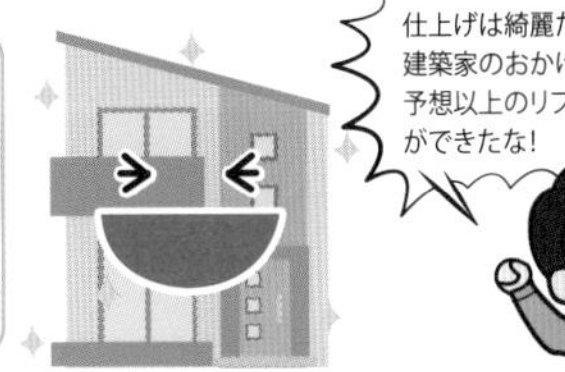

仕上げは綺麗だし、建築家のおかげで予想以上のリフォームができたな!

とってもおしゃれだわ! 友達に自慢したいわ

詳しくは34～51ページをお読みください。

手抜き業者を見分ける「たった1つの質問」

ここからが運命の分かれ道です……

教科書を読んでない人 / 教科書を読んだ人

❹

❺

❻

❼

❽

詳しくは92〜97ページをお読みください。

50年の「長期保証」に隠されたヒミツとは？

10年前に、ある住宅会社で家を建てたAさんとBさん。どちらも50年間の長期保証に加入していたが…

長期保証にこだわったAさん

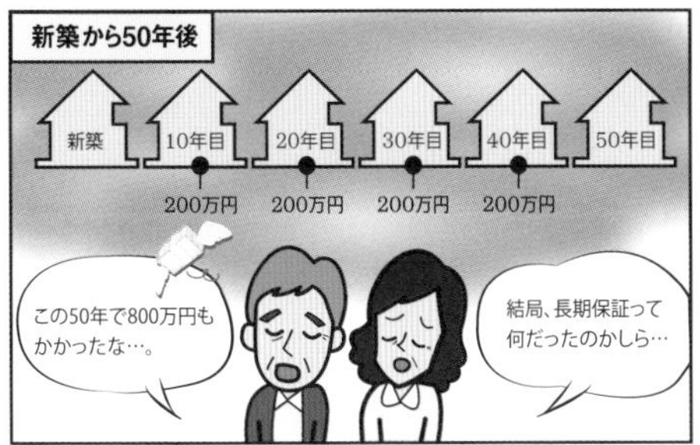

長期保証のカラクリに気付いたBさん

詳しくは83〜89ページをお読みください。

プロローグ

リフォーム業者選びは、「医者選び」と同じ

「どこに頼んでいいのか分からない……」

「リフォームしよう！」と思い立って最初に考えるのが工事の依頼先です。**「どこに頼んでいいのか分からない」**という言葉をよく耳にしますが、なるほどうなずける話です。新聞には毎日のようにリフォーム業者のチラシが入っていますし、テレビでは手抜き業者やぼったくり業者による被害が報道されています。消費者の皆さんが業者選びに慎重になり不安になってしまうのも無理もありません。実際に、消費者側の知識のなさにつけ込んでトラブルを起こしている業者は後を絶ちません。

これには理由があります。リフォーム業は新築の場合と違って公的な業者登録制度がなく、どんな人でも自由に名刺とチラシを作って開業することができます。**建築の知識や経験がまったくない人でも始められるのがリフォーム業なのです。**

国土交通省の外郭団体『住宅リフォーム・紛争処理支援センター』によれば、契約の不履行や不良工事、強引な勧誘、悪質な点検商法などリフォームのトラブルは年々増加しているとのことです。千円や二千円の買い物と違って、リフォームは何十万、何百万円もする買い物です。リフォームに失敗したら、その日から毎日後悔しながら欠陥住宅で暮らすことになります。大金を使うリフォーム工事で決して失敗をしてはいけません。工事が終わった後「**こんなはずじゃなかったのに……**」と後悔しても遅すぎるのです。

リフォームで失敗しないためのポイントはたった1つしかありません。それは**業者選び**です。業者選びに成功すればリフォームは間違いなく成功します。たとえばあなたが今我が家をリフォームしようと思って新しい間取りを考えていたとしても、実際には分からないことばかりだと思います。リフォームは業者の提案力と技術力がウリですが、良い業者は**良い医者**に似ています。信頼の置ける医者は常に患者の立場に立って、不安に思っていることを取り除き適切な治療をしてくれます。

これと同じで本当に良い工事店は分からないことや不安に思っていることを、住んでいる人の身になってプロの立場から適切にアドバイスしてくれます。そして丁寧で確実な工事をしてくれるのです。優れた提案力と技術力を併せ持った、信頼できる**リフォームの「名医」**を探し出すことがリフォーム成功の秘訣なのです。だからリフォーム工事の依頼先を簡単に考えてはいけません。大げさでも何でもなく、どこに頼むかでリフォームのすべてが本当に決まってしまいます。満足のいくリフォーム工事をするには、**良い工事店**に出合わなければならないのです。

リフォーム業者選びは、医者選びと同じ

第1章

知らないと後悔する
リフォーム金額の本当の話

依頼先によって大きく変わるリフォーム金額

良い工事店は優れた提案力と技術力を併せ持っていますが、工事金額が異常に高ければ決して良い業者とは言えません。良い工事店は優れた工事を適正な価格でやってくれるものです。他にも優れた業者の条件はいくつかありますが、これについては後ほど説明します。

ここでは誰もが気になる**リフォーム工事のお値段**についてお話しします。これまで業界内でひた隠しにされてきた内容なので、**「ここまでバラしてもいいのだろうか……」**と悩みましたが、この事実を知っている消費者が増えなければ、今後リフォーム環境が良い方向に向かわないので、あえて裏側の事情を公開します。

リフォームの依頼先は、

□家を建ててくれた業者や、知り合いの業者にお願いする
□知り合いの業者がいないので、知人に良い業者を紹介してもらう
□新聞に安そうなチラシが入っていたので、ひとまずそこに電話してみる
□よく知られている大手の業者や、インターネットで探した業者にお願いする

このいずれかだと思いますが、実は依頼先によって大きく変動するのがリフォームの金額です。実際に複数の業者から見積りを取ってみると、同じリフォームの見積りなのに**倍以上金額が違う場合**も少なくありません。こうなると、ますます何を信じていいのか分からなくなります。「見積りの高い業者はぼったくり業者？」「見積りの安い業者は手抜き工事をするのでは？」消費者から見るとこの金額差は「？」以外の何物でもありませんが、建設業に携わっている人からすれば、実はごく当たり前の話です。この金額差は、**実はリフォーム業界の仕組み**から生まれています。同じ内容のリフォームでも、どこに依頼するかで金額が大きく変わってくるので、最小費用でリフォームを成功させるためには、最低限リフォーム業界の仕組みだけは知っておく必要があります。

リフォーム業者は無数にありますが、その種類は大きく分けて３つです。

①職人さんが営んでいる個人店

②工事店（工務店・塗装店など）

③リフォーム営業会社

たとえば夫婦だけでやっているような①**の個人店**に工事を頼むとします。リフォーム費用は、そもそも職人の日当（人件費）と材料費と諸経費ですので、たとえば職人の日当が18,000円で、使う材料費が10,000円、諸経費が2,000円の場合、リフォーム費用は**30,000円**になります。

次に、同じ工事を②**工事店**に頼んだとします。工事店とは職人が営んでいる個人店と違って会社組織です。大工工事を

① 個人店の見積りの内訳

職人さんの日当代	18,000円
使う材料代	10,000円
諸経費	2,000円
合計金額	30,000円

専門とする会社は「工務店」ですし、塗装を専門とする会社は「塗装店」です。従業員３人の会社もあれば何十人も雇っている会社まで、その規模はさまざまです。会社組織になったところで、同じ工事をするには同じ費用がかかります。ただ、夫婦だけでやっているような個人店と違って、事務所の経費や会社の利益を確保しなければなりません。30,000円で引き受けてしまうと会社の利益はゼロになってしまい、事務員さんの給料も払えなくなってしまいます。だから工事店はこの金額で仕事を引き受けることはできません。30,000円は工事店にとっての**原価**なのです。

そのため、これに会社の利益が上乗せされた金額が、工事店の見積り金額になります。工事店の利益率の相場が15%前後と考えると、工事金額は**約35,000円**（30,000÷85%）になり

② 工事店の見積りの内訳

職人さんの日当代	18,000円
使う材料代	10,000円
諸経費	2,000円
工事店の利益	5,000円
合計金額	35,000円

ます。つまり、知り合いの職人さんに頼めば30,000円の仕事が、同じ内容であっても工事店に頼むことにより35,000円くらいになり得るのです。

さらに、これが**③リフォーム営業会社**になるともっと金額は膨らみます。リフォーム営業会社とは、その会社の営業マンが受注した工事を下請けの工事店に外注する会社のことです。そしてこのリフォーム営業会社は表向きは建築会社ですが、中身は完全に営業会社です。だから驚くべきことに社員で職人は１人もいません。社員は営業マンなのです。彼らはお客様と話す時に、工事を外注する下請け業者のことを必ず**「うちの職人は……」「うちの技術の者は……」**と言うように教育されています。これはお客様に工事の外注を意識させな

③ リフォーム営業会社の見積りの内訳

職人さんの日当代	18,000円
使う材料代	10,000円
諸経費	2,000円
工事店の利益	5,000円
リフォーム営業会社の利益	15,000円
合計金額	50,000円

いためです。けれども、その「職人」や「技術の者」とは③**リフォーム営業会社**が外注する、下請けの②**工事店**の職人なのです。

リフォーム営業会社は、下請け工事店の見積りに自社利益を上乗せします。35,000円は下請けの工事店に支払わないといけないので、この金額がリフォーム営業会社にとっての原価になります。リフォーム営業会社の利益率は一概には言えませんが、**30〜40%**くらいが一般的です。だから、この場合35,000円にリフォーム営業会社の利益が上乗せされた金額50,000円（35,000円÷70%）から、約60,000円（35,000円÷60%）がリフォーム営業会社の見積り金額になります。同じ工事でも個人の職人に頼めば30,000円の工事が、工事店に頼むことで35,000円になり、これがリフォーム営業会社になると50,000〜60,000円程度になるのです。

この事情は大規模なリフォーム工事でも変わりありません。工事店が**350万円**でやってくれるリフォームは、依頼先がリフォーム営業会社に変わっただけで**500〜600万円**程度になります。工事店で700万円の工事はリフォーム営業会社では1,000〜1,200万円程度になり得るのです。これを逆に考えると、リフォーム営業会社から1,000〜1,200万円の見積りをもらった場合、工事店であれば**700万円程度**でやってくれることがあり得るということです。このことは、あなたが実際に工事店とリフォーム営業会社から相見積りをとってみると本当のことだとお分かりいただけるはずです。

リフォーム営業会社の社員さんが自分の家をリフォームする時に、自分の会社を通さずに下請けの工事店に直接工事をしてもらうのは、そのためなのです。このようにリフォームの値段は**依頼先によって**大きく変わります。普通の商品には定価があるため定価の何%オフという形での比較ができますが、リフォーム工事費用は正直なところ値段があってないようなものです。同じリフォームでも業者が100万円と言えば100万円ですし、150万円と言えば150万円の工事なのです。

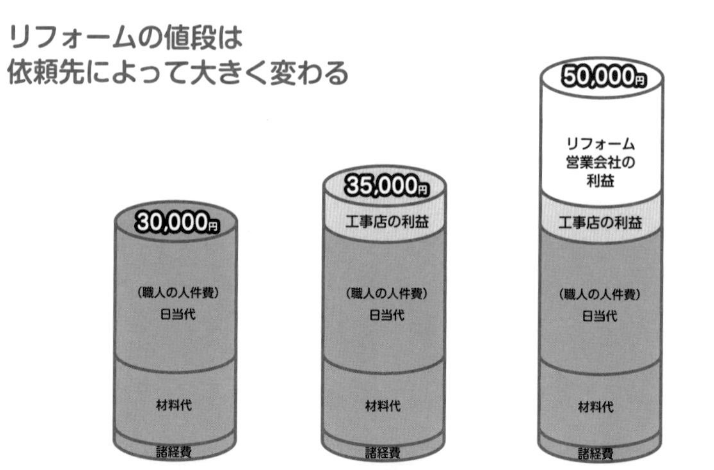

「ぼったくり」と思われるかもしれませんが、商品を小売店から買うか、メーカーや問屋から買うかの違いと大して変わりありません。それにリフォーム営業会社はこれだけの利益を確保しなければ、経営が成り立たないのも事実であり、1物件につき30〜40%以上の利益を稼ぎだすことは、大半のリフォーム営業会社にとって必要なことなのです。

リフォーム費用を極限まで安くする方法？

それから忘れてはいけないのが、これまでお話しした金額差には**「現場管理費」**という正当な費用の意味合いもあることです。畳や障子や網戸などの張り替えは別として、リフォーム工事では通常、さまざまな職人が必要になります。たとえばキッチンの取替工事では、まず**大工**が今ある流し台を取り外して、新しい流し台を取り付けるための下地を作り、吊戸棚やレンジフードが落ちてこないように木材を使って下地の補強をします。それが終わると今度は**設備の職人**が水道や排水の位置を移動する工事を行い、併せて**電気の職人**がレンジフードや食洗機などを設置するための電気工事を行います。ここまで終わってようやくキッチンの取り付けになるのですが、これを行うのは**キッチンメーカー専属の職人**です。そしてキッチンの取り付けが終わるころを見計らって、もう一度**設備の職人**が現場に来て給排水を繋ぎ合わせます。この他にも多くの場合、**ガスの職人**やクロスの貼替を行う**内装の職人**も必要になります。

実は、これらの職人を全員社員として雇っている工務店や建築会社は、日本中探してもおそらくありません。なぜなら人件費がかさみ工事費用が逆に高くなってしまうからです。工事店は必要な時にその都度、職人に工事を外注しているのです。その意味で、広告などでよく見かけるリフォーム業者の「完全自社施工！」という売り文句は実はなかなかあり得ない話なのです。

現場監督が様々な職人を管理

現場管理の仕事はこれらの職人の工事時間を計算しタイミングよく現場に入れ、それぞれの職人に的確な指示をしながら責任を持ってリフォームを完成させることです。そして、この仕事の代価が**現場管理費**なのです。工事店のリフォーム代金はこの費用が発生するぶんだけ、職人に直接依頼するよりも高くなるのです。

だから極端な話ですが、**リフォーム費用を極限まで安くする**のであれば、キッチンそのものをインターネットで買って、工事も電話帳で調べた数人の職人にそれぞれ発注して現場管理を自分でやってしまえばいいのです。しかし職人間の日程の調整や指示をしながら現場を管理するのは、一般の方ではまず不可能です。

予定の時間が狂って職人に無駄足を踏ませた場合には、仕事をまったくしていなかったとしても別途で出張費がかかってしまいますし、工事完了後に床のキズを発見したとしても、どの職人がキズをつけたのかが特定できないために、結局その補修費用は自分で負担しなければならなくなります。また工事後しばらくして水漏れが起こったとしても、その責任が設備の職人にあるのかキッチンの取り付け職人にあるのかを特定できなければ、この補修費用も自己負担になってしまい、余計に費用がかかってしまうかもしれません。

こういった心配事や現場管理に必要な時間や手間を考えると、結局、現場管理費を支払って1社にまるごと任せる方が得策なのです。だから最近耳にするようになった「**お客様の現物支給による分離発注**」は一見お得なように感じるかもしれませんが、トラブルも多いためあまりお勧めはできません。このように考えると、15%という工事店の利益率が単なる中間マージンではなく、仕事に見合った**適正な利潤**であることをご理解いただけると思います。

依頼先によって大きく変わるリフォームの値段

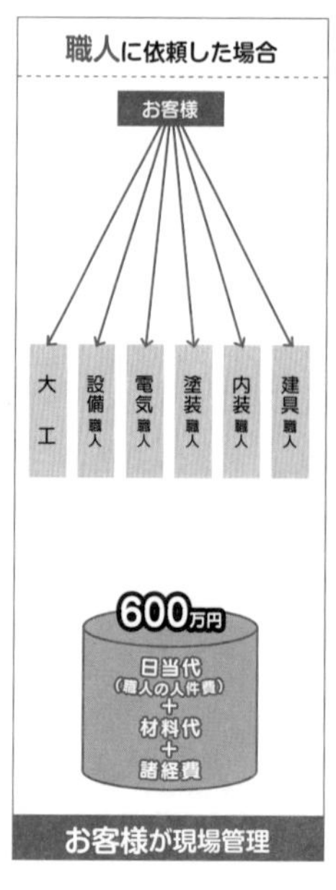

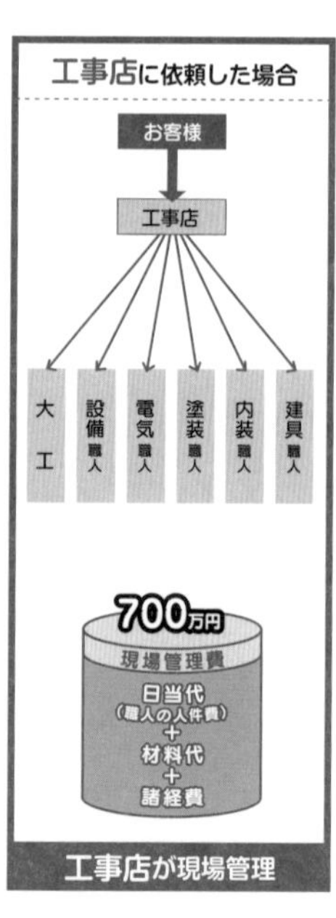

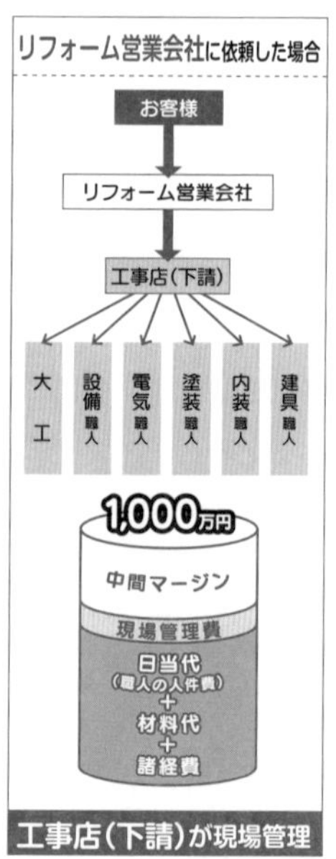

工事店とリフォーム営業会社の違いとは？

ここまで読んでいただければ、一般的にリフォーム営業会社よりも工事店に直接依頼する方が、リフォーム費用が安くなることをお分かりいただけたと思います。しかし工事店のリフォーム営業会社に対する優位点は価格だけではありません。リフォーム営業会社は、表向きは工事店ですが、中身は完全に営業の会社です。そこに所属している営業マンは契約を取るためのセールス技術はあっても**施工の経験**がまったくありません。ですから、建築材料の特性や工法を熟知している営業マンもほとんどいないのです。

驚いたことに**1人で現場を調査できないような素人営業マン**も実は少なくありません。この場合、素人営業マンは下請け業者の人を従えて現場を調査します。そして下請け業者が見積書を作成して、その営業マンに送ります。営業マンは送られてきた下請け業者の金額に30～40%の利益を上乗せして見積書を作り直し、お客様に提出するのです。このように1人で現場を調査できないような営業マンのいる会社は、単なるブローカー、つまり**上乗せ業者**なので注意が必要です。

下請け業者と一緒に現場調査をするような営業マンや、「今度もう一度、うちの技術の者に見せてから見積りを出します」と言うような営業マンと契約しても、それは所謂、素人との契約なので高額で質の低いリフォームになるだけなのです。これに対して工事店であれば、現場に関する確かな知識と豊富な経験を併せ持った**建築のプロ**が、最初の提案から最後の引き渡しまで責任を持って担当してくれます。

また、リフォーム工事では当初の予定通りに工事が終わることは稀で、大半の場合は工事途中で仕様が変更になったり追加工事が発生したりします。工事店の場合は社長さんが自らお客様を担当することもありますので、こういった変更にも瞬時に対応できますし、職人に対する指示も的確な上に工事の進行もスムーズです。しかしリフォーム営業会社の場合はすべて**「お客様 ⇔ 営業マン ⇔ 下請け業者の現場管理者 ⇔ 職人」**という、まるで伝言ゲームのようなやり取りになってしまいます。そのため、お客様のご要望が工事を担当する職人にまで正確に伝わりにくく、トラブルに発展するケースも多々あります。そればかりか年季の入った下請けの職人や現場管理者に押されて、まともに指示も出せずお客様との板挟みに遭っているような営業マンも決して少なくないので、この点は注意が必要です。

それからリフォーム営業会社と下請け工事店との関係では、どうしても元請けであるリフォーム営業会社の方が立場は強くなります。そのためリフォーム営業会社が無理な値引きをして契約に至った場合などには、その値引きぶんがそのまま下請け工事店のコストの切り詰めにつながり、適切な工事をする上で到底不可能と思えるような金額でのリフォーム工事を余儀なくされます。こうなると下請けの職人さんたちは手間や材料を省かざるを得なくなり、これが**手抜き工事**につながっているケースも決して少なくないのです。

このように建築のプロである工事店の方が**価格力、提案力、技術力、現場管理力**のどれをとっても、一般的にリフォーム営業会社よりも優っている傾向があります。しかし、リフォーム営業会社の優位点もあります。それはサービスです。工事店が建築会社であるのに対して、リフォーム営業会社は営業の会社であり、リフォーム業を**「サービス業」**と捉えています。そのためリフォーム営業会社の方が一般的にサービスは充実しています。担当の営業マンがリフォームのイベントに招待してくれたり、こまめにお礼の葉書を書いてくれたり、また営業マンの対応もとても丁寧です。

こういったリフォーム営業会社のサービスに金額や提案力や技術力の差を解消するだけのメリットがあるかどうかは、

消費者１人ひとりの判断になります。きめ細やかなサービスや接客を求めるのであれば、リフォーム営業会社を選択すればいいですし、自分の家を工事するリフォーム営業会社の営業マンのように、決して安くない中間マージンを無意味と思う人は工事店に直接お願いすればいいのです。

工事店とリフォーム営業会社の違い

	価　格	現場管理	サービス
工事店	○	○	△
リフォーム営業会社	△	△	○

第2章

大規模リフォーム成功の秘訣は「建築家の活用」にあり

『建築家デザインリノベーション』とは？

さて、これまでリフォーム業者選びの基本的な部分についてお話ししてきました。ここからはその応用になりますが、大規模リフォーム、とくに間取りが大きく変わるような全面改修をお考えの方にお勧めの方法をお伝えします。

それは、リフォームプランの設計・デザインだけを**建築家**に依頼して、その設計通りに工事店（**工務店**）にリフォームしてもらう方法です。リフォームでは、プランの作成も工事もまるごと1社のリフォーム会社に依頼するのが普通ですが、これをあえて分けて依頼するのです。この方法は一般的に**『建築家デザインリノベーション』**と呼ばれています。これは建築家ならではの設計力を活かした、デザイン性に富んだワンランク上のリフォームのことです。

リフォームとリノベーションの違い

一般的に、リフォームは「マイナスの状態だった古い住まいを**元に戻す**」、リノベーションは「住みやすさやデザイン性などの価値を新たに付け加えて、建物を**生まれ変わらせる**」という意味があります。

前（25～28ページ）に、「工事」を業種ごとに分けて発注する分離発注は、一般の方では難しいので、あまりお勧めできないという話をしました。しかし、ここでお話ししている「**設計と工事」の分離発注**であれば何も難しいことがない上に、とても大きなメリットがあります。

そのメリットとは、設計と工事をそれぞれの専門家に依頼できることです。工務店はさまざまな業種の職人を束ねてリフォームの全体を取り仕切る**工事の「専門家」**ではありますが、「設計」の専門家ではありません。そのため工務店が設計すると、ついその後の工事のことを考えて、慣れた材料や工事方法を優先してしまい、ありきたりなプランになる傾向があります。

その点、建築家は、工事はできないものの、**住宅設計デザインの専門家**です。だから「設計」を建築家に、「工事」を工務店に依頼すれば、それぞれが専門分野だけに注力することができます。その結果、おのずとリフォームの質が向上するという簡単な話です。

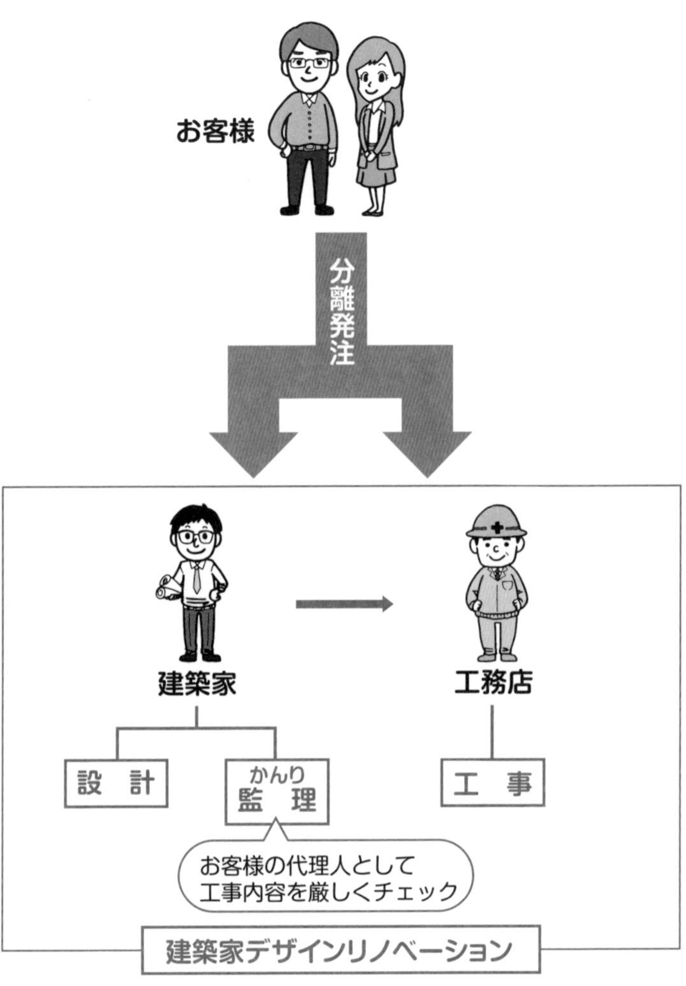
お客様
分離発注
建築家
工務店
設　計
かんり
監　理
工　事
お客様の代理人として
工事内容を厳しくチェック
建築家デザインリノベーション

そもそも建築家とは？

建築家とは、すでにお話ししたように住宅設計・住宅デザインの専門家のことで、そのほとんどが**建築士**という国家資格を持っています。ところで、あなたはこの建築家に対してどのような印象をお持ちですか？

誤解① 敷居が高くて、気軽に頼みにくい。
誤解② 安い仕事は引き受けてもらえない。
誤解③ 新築が専門で、リフォームはやってもらえないのでは……。

このようなイメージを抱いている人も多いようです。しかし実際には、おおらかで気軽に話ができる人が多く、限られた予算の中で依頼人の「要望」を形にしてくれるのが建築家と呼ばれる人たちです。また、多くの建築家が新築を専門にしていますが、中にはリフォームも精力的に行っている建築家もいます。そして「建築家」の真骨頂は、何と言っても**デザイン力**です。だから建築家に依頼すれば巻末実例集の事例のように、洗練された「おしゃれ」なデザインになることは間違いありません。しかし建築家にリフォームを依頼するメリットはそれだけではありません。

建築家にリフォームを依頼する4つのメリット

1 通常のリフォームよりもワンランク上のデザイン性

建築家はヒアリングに相当の時間を割き、お客様の細かなこだわりや趣味、ライフスタイル、家族の将来までも設計の中に盛り込みます。そのため単に「見た目」のデザインが洗練されているだけでなく、住みやすさや快適性につながる**「生活空間」**のデザインに秀でたリフォームが実現します。

2 競争入札により、適正な金額でリフォームすることができる

建築家は限られた予算の中でお客様の要望を実現できるように努めてくれます。その上、工事そのものは**自社施工**の工務店が担当するため、最小の費用でリフォームができます。

また、通常のリフォームでは相見積りをとっても、業者ごとにプランと仕様が異なるため、リフォーム費用の正確な比較ができません。しかし『建築家デザインリノベーション』では、プラン（設計・図面・仕様）が完成してから、**公共工事**

の競争入札と同じ要領で工務店数社に相見積りをとります。まったく同じプランで相見積りをとるため、リフォーム費用の正確な比較が可能になり、適正な工事金額でリフォームできるのです。

3 建築家があなたの心強い代理人になる

車で事故を起こした時には、保険会社の担当者があなたの代理人になって、相手方と交渉をしてくれます。これと同じように新築やリフォームでは、建築家があなたの代理人になってくれます。だから万が一あなたと工務店との間でトラブルが生じても、あなたの代わりに建築家が工務店に対して交渉をしてくれる上に、言いにくいこともすべて言ってくれます。また、建築家は住宅建築のプロであり専門知識と豊富な経験を併せ持っています。この建築家が最初の打ち合わせからリフォーム完了までの間、常にそばにいて、さまざまな相談に乗ってくれることは、何よりの安心につながるはずです。

4 工事中に、建築家が工務店の仕事をチェック（監理（かんり））

実は、建築家にリフォームを依頼する最大のメリットがこれです。建築家は設計を終えて、リフォーム工事が始まると、お客様の代理人として設計通りに適切な工事が行われているかを現場でチェックします。そして、もし自分の描いた設計と違う工事が行われていたら**「図面の通りにやり直してくだ**

さい。できないなら工事費用はお支払いできません」と言って、図面通りのリフォームを実現すべく奮闘してくれます。この方法であれば、おのずと設計通りのリフォームができます。

このように建築家がお客様の代理人として工事をチェックすることを専門用語で**「監理（かんり）」**と言います。建築は専門性が高く、素人である一般の消費者が建築の適正をチェックすることはほとんどできません。だからこそ建築家がお客様に代わって工事の品質をチェックしてくれる「工事監理」はとても効果的で、マンションや大型商業施設、公共工事などの新築現場では必ず監理が行われています。

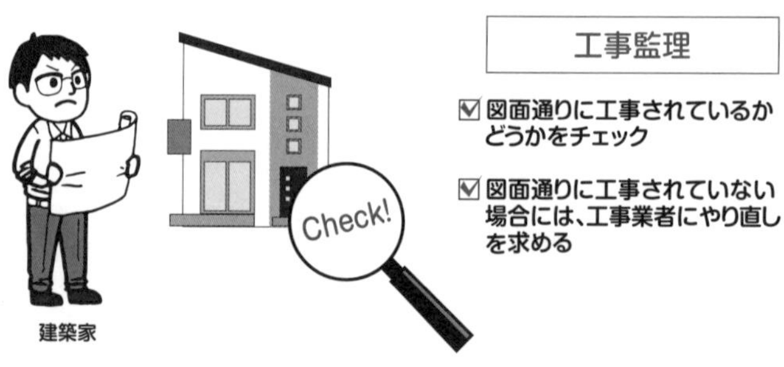

※建築家のほとんどが建築士という国家資格を持っていて、建築士だけが監理業務を行うことができる（建築士法）。

「管理」と「監理」の違いについて

紛らわしいのですが、建築現場には「監理」と「管理」、２つの「かんり」があり、建築業界では**「監理」を「さら（皿）かん」、「管理」を「たけ（竹）かん」**と呼んで区別しています。「竹かん」つまり「管理」とは、前（25ページ）に説明した「現場管理」のことで、これを行うのが「現場監督」です。現場監督は工事の段取りを組み、職人や材料を現場に入れるタイミングを決めます。その他にも職人の仕事をチェックし、雑な工事やミスがないようにする**工事品質の管理**も大切な仕事のひとつです。しかしこの「竹かん」だけでは身内が行った工事を身内でチェックするだけなので、どうしてもチェックが甘くなってしまいがちです。

これに対して、「皿かん」つまり「監理」は、お客様から雇われた建築家が、お客様の立場（社外）から、お客様の利益を守るために工事をチェックします。だから、リフォームを建築家と工務店に分けて発注した場合は、まず工務店の現場監督が職人の仕事を社内チェックして、さらにそれを建築家が第三者的立場からチェックするという**二重の工事チェック体制**になるのです。

この場合は、現場監督も職人も建築家から自分の仕事を厳しくチェックされるため、工事の品質はおのずと高まります。また、建築家は自分の描いた図面に絶対の自信とこだわりを持っていて、設計通りに工事が行われないことを何よりも嫌がるため、このような建築家の気質も工事品質の向上に一役買います。このような事情もあって、リフォームを建築家と工務店に分けて発注した場合は、通常のリフォーム（一括発注）よりも工事品質が高まりやすいのです。

このように「建築家とのリフォーム」は良いことづくめのようですが、反対にデメリットもあります。

（さらかん）
工事監理

建築家

お客様の代理人

建築家にリフォームを依頼する 3つのデメリット

1 時間と手間がかかる

『建築家リフォーム』の最大のデメリットは打ち合わせに時間がかかることです。建築家はお客様とのヒアリングに相当の時間を割き、打ち合わせを重ねるごとに何度も図面を書き直します。そのためプラン作成の段階では建築家だけでなくお客様にも多くの時間と手間が求められます。

2 工事費用とは別に設計監理料が必要になる

建築家に依頼すると、工事費とは別に設計監理料が必要になります（46～48ページで詳しく説明します）。

3 工事金額や設計監理料が概算のまま、建築家と契約を交わす必要がある

通常のリフォーム（一括発注）では、プランと見積りが出揃って、リフォームの完成形と正確な工事金額が分かった上で**工事請負契約**を交わします。ところが建築家でリフォームする場合はそうではありません。まず建築家がファーストプランと概算の工事金額をお客様に提出します。そしてお客様が

そのプランを気に入り「この建築家にリフォームを依頼しよう」と決めた場合に「あなたにリフォームの設計と監理をお願いします」という**業務委託契約**を建築家と交わします。

注意すべきは、この時点でまだプランが確定していないため、工事金額も確定していないことです。正確な金額が確定するのは、その後に設計を固め終わり、工務店数社に相見積りをとり、そのうちの1社とお客様が**工事請負契約**を交わした時です。つまり、建築家とのリフォームでは正確な費用やリフォームの完成形がいまひとつ分からない状態で建築家と契約を交わさなければいけないのです。この点が、通常のリフォームと大きく異なります。

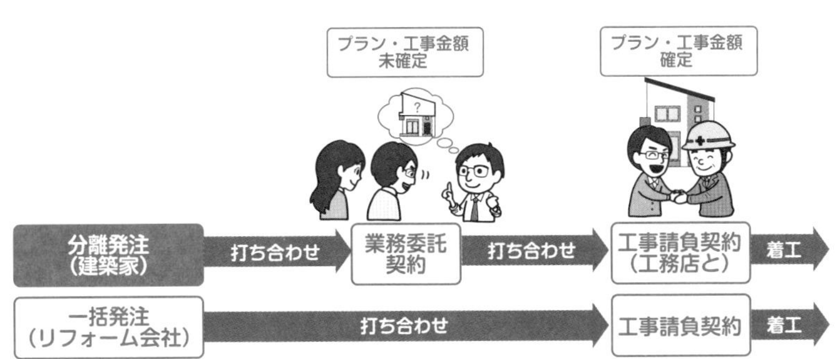

建築家に払う設計監理料は、一体いくらくらい？

建築家に払う設計監理料は、新築もリフォームも建築費の15%が一般的です。しかしこれはあくまでも相場であって、実力のある建築家であればもう少し高くなることがありますし、そうでない建築家は安くなることがあります。また中には、設計にかかる人件費や建築面積から設計監理料を算出する建築家もいます。

私が主宰する建築団体の『優良建築家ネットワーク』では設計監理料は一律、建築費の10%に設定していますが、設計監理料は算出方法や料金設定が建築家によってバラバラなので、一般の消費者にとって、とても分かりづらい一面があります。

「工事費用とは別に、建築家に工事費用の10%も払うのは、ちょっと……」と思われる方もいらっしゃるかもしれませんが、建築家はお客様とのヒアリングに相当の時間を割き、打ち合わせを重ねるごとに図面を何度も書き直します。この作業の積み重ねにより、お客様の細かなこだわりや趣味、家族の将来までも設計の中に取り込み、最終的にお客様の今と将

来にふさわしい生活空間をデザインした設計を完成させます。

また、リフォーム工事が始まると、建築家はあなたの代理人となり設計通りのリフォームを実現すべく奮闘してくれます。時として現場監督や職人たちとも衝突しながら工事品質を高めてくれるので、**欠陥工事や手抜き工事防止のための必要経費**と考えれば、設計監理料を支払う価値は十分にあります。

それに、前（25～28ページ）にお話ししたように、自社施工の工務店にリフォームを直接依頼すると、工事費用は最も安くなります。だから、そこに建築家の費用である10%を付け加えたとしても、リフォーム営業会社に依頼するよりははるかに安く済むのです。その費用で、建築家によるワンランク上のデザインリノベーションが実現するのであれば、建築家の費用を惜しむ理由もなくなるはずです。

700万円
工事店の利益
（職人の人件費）
日当代
材料代
諸経費
工事店

770万円
設計監理料
工事店の利益
（職人の人件費）
日当代
材料代
諸経費
建築家

1,000万円
リフォーム
営業会社の
利益
工事店の利益
（職人の人件費）
日当代
材料代
諸経費
リフォーム営業会社

こんな建築家は要注意 3つのケース

建築家とのリフォームにたくさんのメリットがあることはお話しした通りですが、これらは「分離発注」だからこそ生まれるメリットです。ところが、お客様が分離発注しているつもりでも、実質的には一括発注になってしまっているケースがあるので注意が必要です。

1 建築家がリフォーム会社に在籍している場合

リフォーム会社の中には、建築家が在籍していて「設計・工事・監理」を一括で依頼できるところもあります。しかしこの場合は、建築家とリフォーム会社が身内同士のため、厳密な監理は期待できません。

2 工事業者を選べない場合

建築家でリフォームするメリットは、公共工事の競争入札と同じように、まったく同じプランと仕様で工務店数社に相見積りをとり、その中から工事業者を選べることです。ところが建築家の中にはごく稀に、工務店を1社指定して相見積りをとらせないケースがあります。このような建築家との契約は避けた方が無難です。なぜなら、建築家と工務店がほとんど身内同士の関係になってしまっているからです。馴れ合いで監理が甘くなるだけでなく、工務店の「言い値」で工事せざるを得ないため、工事費用も割高になる傾向があります。最初の打ち合わせの段階で、工務店から相見積りをとれるかどうかを必ず確認しましょう。

3 工務店から建築家を紹介してもらう場合

この場合、建築家は工務店から**その仕事を「いただいている」立場**なので、どうしても工務店の方が立場は強くなり、監理が甘くなってしまいます。設計も工務店の意向を汲み、工事のしやすさや在庫の処分を優先したものになる可能性があります。自分では分離発注しているつもりでも、実質的には工務店に対する一括発注になってしまうため、監理も機能しにくくなります。また、トラブルが発生した時でも、建築家がお客様よりも工務店の肩を持つようなこともあります。

つまり、上記３つのケースでは、実質的に「一括発注」になってしまっているため、建築家とのリフォームのメリットが十分に活かされない可能性があるのです。建築家とのリフォームは、「分離発注」で初めて、その効果が発揮されることを覚えておきましょう。

初めての工務店と仕事をしたがらない建築家の本音は……

打ち合わせを終えて設計が固まったら、いよいよ工事業者を選定する作業に入ります。その際には、建築家が実績のある工務店を数社紹介してくれることが多いのですが、中にはお客様が知り合いの工務店を工事業者として指定する場合もあります。この場合でもたいていの建築家は何のためらいもなく仕事を引き受けますが、中には過去に仕事をした実績のある工務店としかタッグを組みたがらない建築家もいます。

このような場合、馴れ合いから監理が甘くなる可能性もありますが、初めての工務店はその技術力が未知数の上、得意分野や苦手分野も分からないため、建築家が不安を感じるのも当然のことです。また、過去に一度でも仕事をしたことのある工務店であれば、設計の意図や、図面に記載していない細かな工事方法を理解して工事をしてくれるという安心感もあるはずです。建築家がお客様の指定する工務店との仕事に難色を示す場合は、その理由を確認してみてください。

第3章

外壁塗り替えリフォームで失敗しないための12の自己防衛知識

さて、ここまではリフォーム業界の仕組みや費用、そして最適な依頼先についてお話ししてきました。これで「どこに頼むべきか」ということはご理解いただけたと思います。ここからは少し専門的になりますが、リフォームの中で圧倒的にトラブルが多い「外壁塗装」についてお話しします。

なぜ、外壁塗装はトラブルの多い工事と言われるのか？

一般に外壁塗装ほど**手抜きをしやすい工事**は無いと言われています。その理由として手抜きをしたかどうかは、工事が終わった直後には分かりづらく、数カ月から数年経って初めて分かるからです。だから塗装工事は手を抜くつもりがあればいくらでも手が抜けます。工事費を100万円払っても、100万円ぶんの価値のある工事だったり、50万円ぶんの価値しかない工事だったりします。統計を見ても外壁塗装ほどトラブル件数が突出して多い工事はありません。

これほどまでに手抜き工事やトラブルが多いのには他にも理由があります。塗装工事で失敗した人の共通点は「工事や塗料について何も知らなかった」ということです。何も知らないから業者の言いなりになってしまい、知らないところで

手を抜かれてしまうのです。

ここからは、**塗り替えのタイミング・塗料の選び方・工事金額の相場・契約前の確認事項など**、塗装工事で失敗しないための知識をすべて網羅し体系的にまとめています。とくに92〜97ページには業界からの反発も覚悟の上で、これまで一般の消費者が知り得なかった簡単で確実な**手抜き工事の防止法や悪徳業者の見破り方**もそのまま書きました。

自己防衛知識①
外壁を塗り替えなければならない２つの理由

「今すぐに塗り替えないと大変なことになりますよ！」これは悪徳業者のセールストークです。実際、今すぐに塗り替えないと大変なことになる家はそんなにありません。ただ外壁を定期的に塗り替える必要はあります。最近は塗料の性能も良くなって10年から13年くらいが塗り替え時期の目安と言われています。

そもそも、どうして定期的に塗り替える必要があるのでしょうか？　外壁を塗り替えなければならない理由は２つあります。１つ目は**「見た目」**です。車も長い間洗わずにいると泥だらけになってしまいますが、家も新築して５年も経てばずいぶん汚れてきます。汚れている車や住まいは決して気持ちのいいものではありません。とくに日本人はキレイ好きです。家や車が汚れ放題だと「みっともない」という感覚があります。中には家の汚れが気にならないからまったく塗り替えをしない人もいます。しかしこの人は大切なことを見落としています。外壁を塗り替えなければならない理由は見た目だけではありません。本当に大事な理由は建物を**「保護」**するためです。外壁を塗り替えなければ家の寿命は短くなってしまいます。これが２つ目の理由です。大切な家を元気に長持ちさせるために塗り替えをするのです。

家はお手入れをしなかったら確実に傷んでいきます。とくに屋根と外壁は強い陽射しや雨水、台風や雪といった環境にさらされています。その苛酷な環境から家を守るのが塗装なのです。塗装は家全体を包み込む**バリア**なのです。ほとんどの家の外壁はモルタルかサイディング材です。見るからに頑丈そうですが、これらは塗装が施されているから水に強くて頑丈なのです。もし塗装されていなければ雨水に触れているうちにすぐに弱って破損が生じてしまいます。それを防ぐために塗装が施されているのです。塗装の膜が家を守ってくれているのです。

モルタル材

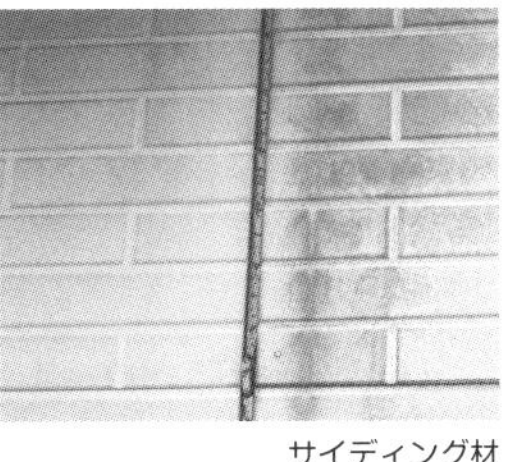
サイディング材

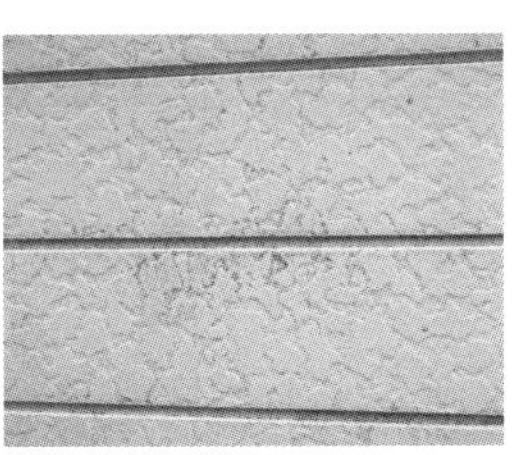
サイディング材

塗膜が永久に壊れないのであれば塗り替える必要もないのですが、残念ながら**塗膜は時間の経過と共に少しずつ衰えていきます。**放っておくと塗膜が弱くなり、破れてしまったり剥がれてしまったりします。塗膜が破れて防水バリアが無くなってしまうと、モルタルや外装材が直接水に触れてしまって破損するのは時間の問題になります。

また、外壁には「ヘアクラック」と呼ばれる髪の毛くらいの細いヒビが入っていることがあります。外壁のヒビのことを「クラック」と言いますが、ヘアクラックはその子どものようなものです。とても細いヒビで本当に目立ちません。悪徳業者は外壁にヘアクラックを見つけると、**「雨水がこのヒビから入り込んでいます。内部の柱が腐れる寸前です。今すぐに塗り替えないと大変なことになりますよ！」**と脅します。しかしこれはちょっと大げさすぎるセールストークです。髪の毛くらいのヒビであれば雨水が構造体を腐らせることはまずありません。なぜならモルタル壁や外装材、また屋根材の

モルタル壁のクラック

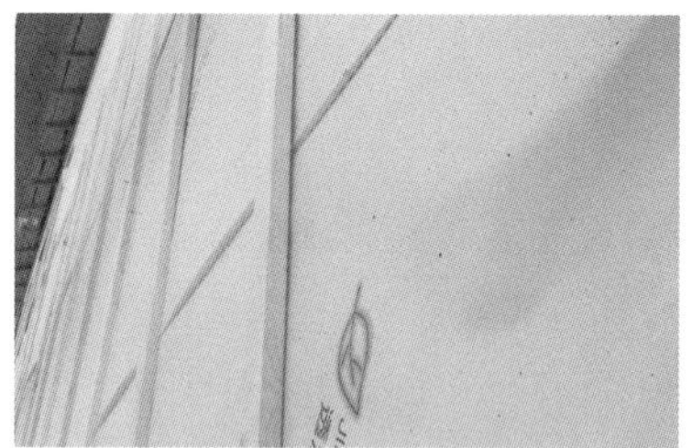
防水シート

裏側には**防水シート**が敷き詰められているからです。その下に柱や下地の木材があるのです。一番上の塗膜が破れてモルタルや外装材が破損し、さらに防水シートも破れて初めて下地の木材に水が達します。だからヘアクラック程度であれば防水シートが水の浸入を防いでくれます。

ただ、防水シートも完璧ではありません。防水シートは家を建てる時に釘を使って張るので釘穴ができてしまうのです。モルタル壁の場合、さらにその上から針金製の網を被せますが、この網も釘で固定します。だから防水シートは釘穴だらけです。**防水シートは新築時でも完璧ではないのです。**だからヘアクラックを「こんな小さなヒビなんて」と甘く見てはいけません。ヘアクラックとは言え、モルタルが破損している状態には変わりありません。放っておくとクラックは確実に大きくなっていき、破損部が拡大していくのです。そうすると頼りにしていた防水シートもやがて湿気でやられて破れ

てしまいます。いったん防水シートが破れてしまうと、いよいよ雨水がじわじわと家の内部に浸入し始めます。雨水が家を浸食し始めるのです。そして**雨漏り**の原因になります。雨水が２階の外壁のヒビから入り込んで壁の内部をつたって１階の天井から雨漏りしたりします。けれども早い段階での雨漏りは家の異常に気付くだけまだましな方です。

最悪なのは室内に漏れずに壁の内部の**「見えない部分」**に雨漏りするケースです。見えない部分とは他でもない家を支えている柱（骨組み）のことです。この雨漏りを長年放置していると、柱などの骨組みの腐食が進んでしまいます。家全体に微妙な歪みが生じて窓やドアの開け閉めがスムーズにいかなくなるくらいならまだいいのですが、湿気を好むシロアリによって柱を食い荒らされたりしたら大変です。

この「見えない雨漏り」から始まって、室内に漏れ出すまでの期間は、言ってみれば**「潜伏期間」**のようなものです。潜伏期間が長ければ長いほど事態は悪化してしまいます。やっと室内に雨漏りして異常に気付いた時には、家そのものがボロボロになって資産価値が無くなっている時もあります。だから室内の壁に原因不明のカビが生えた時や、梅雨時でもないのに「家の中が妙にジメジメしているな」と感じた時には要注意なのです。

屋根裏で確認された雨漏り

壁の中を伝って
外壁に染み出た雨漏り

見えない雨漏りにより
壁紙にはカビが発生

そのため、クラックは塗り替え時期を示すひとつの症状と考えるべきです。外壁がクラックだらけでも塗り替えをしない人もいますが、塗り替え時期が遅くなればなるほど建物の補修が大掛かりになって費用が余計にかかってしまいます。これは**虫歯**と一緒です。虫歯はちょっと痛みを感じた時に歯医者さんに行けばすぐに治りますが、「このくらいの痛みだったら大丈夫」とタカをくくって放っておくと治療が大掛かりになっていきます。なるべく治療にお金をかけないためにも、家の病気は**早期発見・早期治療**が大切です。一度、壁にクラックがないか調べてみてください。

自己防衛知識②

メンテナンス費用の最小化のために

実は早期治療よりもさらに費用のかからない治療があります。それは予防治療です。子どものころ、毎年インフルエンザの予防注射を打っていましたが、家も一緒です。**雨漏りになる前に適切なタイミングで外壁を塗り替える**ことが、最も費用のかからないメンテナンス方法なのです。建物の資産価値を守ると同時にメンテナンス費用を最小限に抑えるためにも、タイミングよく塗り替えることが大切です。

メンテナンスをしていない屋根や外壁にはクラック以外にもさまざまな症状が表れます。外壁がサイディングの場合はサイディングの継ぎ目に「**シーリング**」というゴムのような素材が詰まっています。シーリングは弾力性があるのですが、年月が経つと硬くなって縮んでしまい隙間ができてしまいます。これを「シーリングの劣化」と言いますが、この隙間からも雨水が浸入します。

次のページではよく見られる症状をいくつか挙げています。すべて**塗り替え時期のサイン**なので休みの日に一度我が家をぐるりと見回してみてください。異常がなかったとしても今

自分でできる、家の点検シート

こんな症状を発見したら要注意。
塗り替え時期のサインを見落とさないようにしましょう！

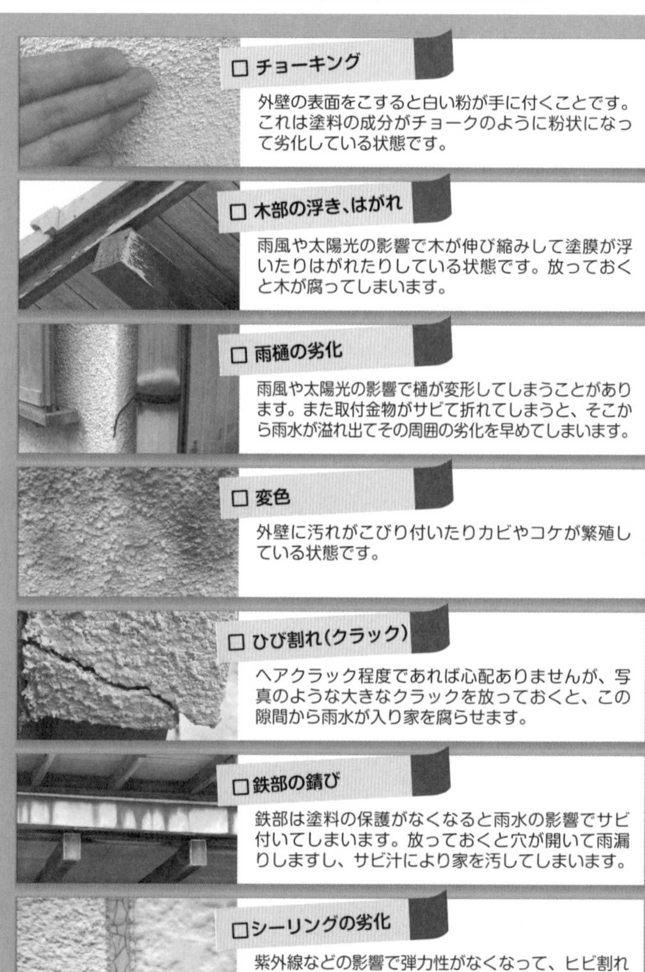

□ チョーキング

外壁の表面をこすると白い粉が手に付くことです。これは塗料の成分がチョークのように粉状になって劣化している状態です。

□ 木部の浮き、はがれ

雨風や太陽光の影響で木が伸び縮みして塗膜が浮いたりはがれたりしている状態です。放っておくと木が腐ってしまいます。

□ 雨樋の劣化

雨風や太陽光の影響で樋が変形してしまうことがあります。また取付金物がサビて折れてしまうと、そこから雨水が溢れ出てその周囲の劣化を早めてしまいます。

□ 変色

外壁に汚れがこびり付いたりカビやコケが繁殖している状態です。

□ ひび割れ（クラック）

ヘアクラック程度であれば心配ありませんが、写真のような大きなクラックを放っておくと、この隙間から雨水が入り家を腐らせます。

□ 鉄部の錆び

鉄部は塗料の保護がなくなると雨水の影響でサビ付いてしまいます。放っておくと穴が開いて雨漏りしますし、サビ汁により家を汚してしまいます。

□ シーリングの劣化

紫外線などの影響で弾力性がなくなって、ヒビ割れや隙間が発生します。放っておくと、この隙間から雨水が入り家を腐らせます。

後は１年に２回くらいはご自分で点検されることをお勧めします。このように点検を定期的に行うことによって、適切なタイミングで外壁を塗り替えることが可能になり、これがメンテナンス費用の最小化に繋がるのです。

自己防衛知識③

得をするランニングコストの考え方

ランニングコストとは**維持費用**のことです。電気料金やガス料金が毎月いくらかかっているかとか、毎月の車のガソリン費用がだいたいいくらなのかといったことです。私たちは光熱費やガソリン費用にはすごく敏感です。ガソリン費用を安くしたいから燃費がいい車を買ったり、光熱費が高いからオール電化にしたりといった具合に何か物を買う時に維持費用を考えながら商品を選びます。最初にかかる購入費用が少々高くても維持費用が安かったら、それを長年使い続けることで結果的に得することはよくあります。これがランニングコストの意識です。

実は外壁を塗り替える時にもこの考えが必要です。前にお話ししたように塗装は時間の経過と共に衰えていきます。それで塗り替えの必要性が生じるのですが、塗料はその種類によって**耐用年数**がまったく異なります。耐用年数10年の塗料であれば30年間で３回塗り替えなければいけません。ところが耐用年数15年の塗料であれば30年間で２回の塗り替えで済みます。

ここで大切な話です。当然、耐用年数の長い塗料の方が材料費は高くなりますが、実は塗装工事費用の大半は**職人さんの人件費や足場費用**なのです。だから材料費が少々高くても耐久性のある塗料で塗った方が、長い目で見ると工事費用は格段に安くなります。仮に耐用年数10年の塗装工事が100万円で、耐用年数15年の塗装工事が120万円だとします。そうすると耐用年数10年の塗装工事であれば、30年間で**300万円**かかります。けれども耐用年数15年の塗装工事の場合、30年間でかかる費用は**240万円**です。これが外壁のランニングコストです。１回の工事費用が高くなっても２回の塗り替えで済ませた方が、長い目で見ると60万円も安上がりなのです。**耐用年数を長くして塗り替えの回数を減らすことが大切です。**

車そのものが少々高くても燃費がいい車を買うように、私たちは維持費用を考えて商品を買ったり選んだりします。けれども外壁の工事についてこの意識はあまりありません。塗装業者の説明不足にも問題があるのですが、塗料や耐用年数の説明もろくに聞かずにただ「安いから」という理由で、そ

の業者に工事を依頼してしまうと結果的に損をしてしまうこともあるのです。工事費用は安いに越したことはありませんが、単純に目先の安さばかりに目が行ってしまうと損をしてしまいます。「安上がりで得をした」と思っていても実は損をしている人が多いのです。

耐用年数を長くして塗り替えの回数を減らすことが大切です。

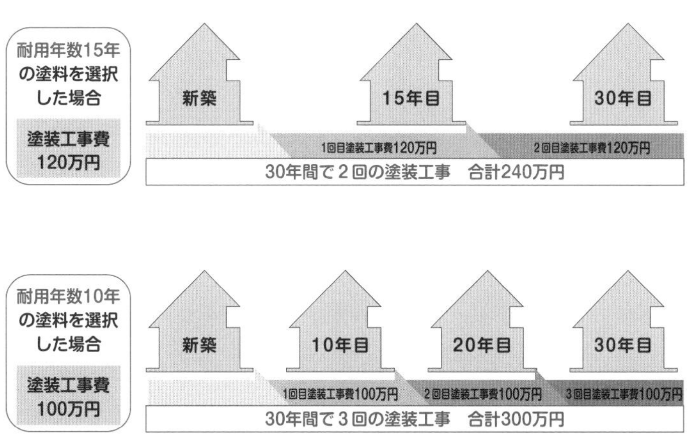

30年間のコストで見ると60万円の差になります。

また、ごく稀に「今回は予算が限られているから外壁だけを塗って、何年かしてから屋根を塗ります」と言う人がいます。しかし外壁を塗る時も屋根を塗る時も**足場費用**がかかるので、これは明らかに不経済です。それに屋根だけを塗る場合は最初に屋根を高圧洗浄しますが、当然その時の屋根の汚れは下に垂れて外壁を汚してしまいます。だから塗り替えをする時は一度にまるごと塗ってしまった方がいいのです。

自己防衛知識④

塗料の種類と耐久性

金額が少々高くても耐用年数の長い塗料で塗った方が経済的であることはお分かりいただけたと思います。それではどんな塗料が長持ちするのでしょうか。一般的に長持ちする塗料ほど価格は高くなります。塗料は石油缶１缶で6,000円のものから10万円を超えるものまであります。けれども価格と耐久性が完全に比例するわけではありません。**高価な塗料だから長持ちするとも限らないのです。**そこでひとまず塗料のカタログをめくってみると***「シロキサン結合からなる主鎖のＳｉにメチル基、フェニール基などの基が側鎖として結合した構造を持ち……」***という具合に難しそうな専門用語が並んでいてまったく意味が分かりません。それに塗料の特徴につ

いては**「環境に優しく、耐候性に優れ、外壁を強固に保護します」**などと、どのカタログにも同じようなことしか書いてありません。

「塗料がどれだけ長持ちするか」を見定めるポイントは塗料の成分です。塗料の成分さえ分かれば何年くらい持つのか大方の見当が付きます。現在住宅に使われている塗料はその成分により大きく４つに分類することができます。

アクリル樹脂・ウレタン樹脂・シリコン樹脂・フッ素樹脂

この４つです。右にいくほど耐用年数が長くなり価格も高くなります。それぞれの耐用年数は、

アクリル樹脂	５～８年
ウレタン樹脂	８～10年
シリコン樹脂	10～15年
フッ素樹脂	15～20年

このくらいが目安です。フッ素は、耐用年数は長いのですが価格は高く、またその他の事情もあって戸建て住宅にはあまり用いられません（その他の事情については後ほどお話しします）。アクリルは一番安いのですが、その耐用年数が短いため不経

済になることが多く、最近はほとんど使われていません。ただ、新築時は工事費用の総額を抑えるためにアクリルが今でもよく用いられています。だから新築して一度目の塗り替えは早めにする必要があるのです。

今、戸建ての塗り替えに使われる塗料は**ウレタンやシリコン**がほとんどです。ただ「シリコンだから一律10～15年持つ」

塗料の特徴と耐用年数

塗料名	特徴	耐用年数
アクリル樹脂	●耐久性が低いため汚れやすく、ひび割れが起こりやすい。こまめな手入れが必要。 ●新築時の塗装は、このアクリル樹脂で塗装されていることが多い。	5～8年
ウレタン樹脂	●アクリル塗料と比べると耐久性・耐候性に優れる。 ●価格や性能のバランスは良いがシリコン樹脂と比べると耐久年数は短い。	8～10年
シリコン樹脂	●近年主流になっている塗料。 ●価格と性能のバランスが良く、ウレタン樹脂よりさらに耐久性・防カビ性・防汚性などが優れている。	10～15年
フッ素樹脂	●他の塗料と比較すると耐久性は抜群。 ●以前に比べ価格は下がってきているが、それでも他の塗料と比べると高価。	15～20年

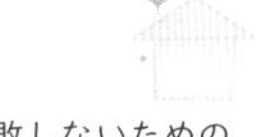

というわけでもありません。同じシリコン塗料でも1缶1万円以下のものから5万円を超えるものまでピンきりでさまざまな種類があります。ちょっとだけ専門的になりますが、JIS規定の促進耐候性試験の基準を参考にするのもいいと思います。簡単に言うなら機械で塗膜にダメージを与え続けて、塗膜が何時間劣化せずに耐えられるかを測ったものです。

JIS規定の促進耐候性試験の基準では、

2,500時間耐えられる塗料を「耐候型1種」

1,200時間耐えられる塗料を「耐候型2種」

600時間しか耐えられない塗料を「耐候型3種」

と呼ぶことに決まっています。「耐候型1種」が一番長持ちするということです。これはほとんどの塗料カタログに載っていますので、耐候性を知る良い目安になります。ちなみに耐候型1種の塗料は最低でも10年持つと言われています。

また、塗り替えはフッ素のような耐用年数がひときわ長い塗料で塗ればいいというものでもありません。なぜならフッ素の場合、**耐用年数に至る前に塗り替えが必要になることが**あるからです。塗装はあくまで外壁の表面に薄い膜を張るだけなので、**家全体の構造的な歪みや下地の変形を塗装で食い止めることは不可能です**。たとえば木造住宅のモルタルの外壁には必ずヒビ割れが生じます。そのヒビ割れの動きが塗膜の伸び率を上回ってしまうと、当然塗膜も割けてしまうのです。

それにフッ素を塗って仮に20年間保護機能を保っていたとしても、外壁は長い年月で確実に汚れてしまっています。カタログに「低汚染」と書いてあっても20年経って塗りたて同然ということはあり得ません。まったく汚れを気にしないのであれば話は別ですが、せっかく保護機能を保っていても15年も過ぎれば見た目が極端に悪くなるので塗り替えが必要になるのです。

こういった理由でせっかく高価なフッ素で塗っても実際には耐用年数に至るもっと前の段階で塗り替えが必要になることがほとんどなのです。フッ素樹脂は値段が高くその中に20年ぶんの価格が詰まっていると考えると、実際には15年位で塗り替えが必要になるのでその意味で**不経済**かもしれません。塗装業者にしてみればフッ素塗料を使った方が、工事金額が跳ね上がるため、最近はどこの業者もフッ素を勧めます。しかし実際には、ウレタンやシリコンで塗る方が長い目で見た場合、費用は少なくて済むと考えられます。

自己防衛知識⑤

メンテナンス不要の半永久的な塗料はあるのか？

「この塗料を使えば半永久的です！」これも悪徳業者のセールストークです。セラミック塗料が出始めたころによく耳にした言葉です。これは塗料メーカーの宣伝の仕方にも問題があったのかもしれません。カタログをちょっと見ただけでは「半永久的に色褪せしない！　汚れが付かない！」そう思わせてしまうような内容でした。「セラミック」という響きが妙にカッコいいからでしょうか……。多くのお客様がセラミックの塗料を希望されます。しかし半永久的な塗料などこの世に存在しませんし、セラミック樹脂塗料というのも実在しません。**「セラミックを含ませた塗料」**という言い方が正解です。

そもそもセラミックとは一体何なのでしょうか？　簡単に言うならセトモノなどの陶磁器やトイレなどの陶器のことです。これを細かく砕いて塗料に混ぜるとセラミックは硬いので塗膜の強度が高まって頑丈になります。またセラミックには「親水性」という性質があります。親水性とは「水になじみやすい」ということです。親水性のセラミックが雨水を塗膜全体になじませて汚れを分散させるのです。言い方を変えるなら**汚れを目立ちにくくするのです。**

ただ塗料の成分がすべてセラミック成分であればこの効果は期待できますが、実際には塗料の中にセラミック成分が含まれているにすぎません。**塗膜が全部親水性になるわけではないのです。**またカタログには「セラミック入り」と書いてありますが、塗料の中にどのくらいセラミック成分が含まれているのかが分かりません。その意味ではセラミックによる「汚れ防止」の効果は未知数です。ましてや「セラミック塗料を塗れば半永久的」なんてこともあり得ません。前にお話ししたように塗料の寿命はその樹脂（アクリル・ウレタン・シリコン・フッ素）によって決まります。**セラミック塗料だから長持ちするとかしないとかはあまり関係ないのです。**

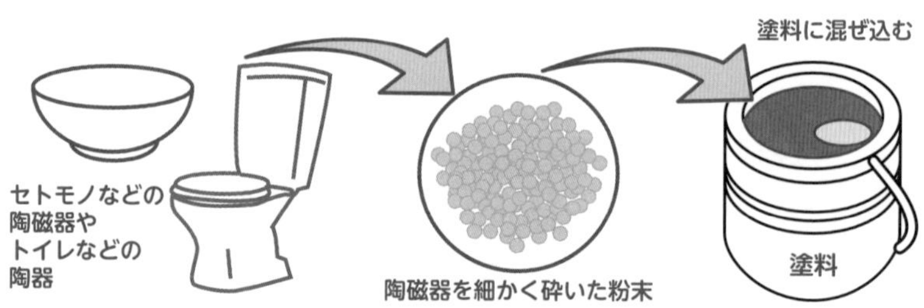

自己防衛知識⑥

業者の言いなりにならない塗料の選び方

我が家を「どんな色で塗るか」も大切ですが、「どの塗料で塗るか」はそれ以上に大切なことです。ただ、これがすごく難しいのです。長年塗装工事をしてきたプロでさえ塗料選びには苦労します。塗料が成分によって４種類に分けられることはお話ししました。アクリル・ウレタン・シリコン・フッ素の４つでしたね。しかしその４種類の中にそれぞれ溶剤タイプと水性タイプがあり、また硬質タイプと弾性タイプがあり、さらに薄塗りタイプと厚塗りタイプがあります。それ以外にも、低汚染性・防カビ性・防藻性・透湿性・断熱性などの性能も考えて分類し始めると、はっきり言ってキリがありません。

このように多種多様の塗料が数十社の塗料メーカーから発売されているので、塗料の種類は無限にあります。その中から我が家を塗る塗料を１つに絞り込むのは難しく、結局業者が勧める通りの塗料で塗ることになります。業者が正しいアドバイスをしてくれるならいいのですが、悪徳業者のセールストークに騙されないように塗料を選ぶ基準をお話しします。結論を先に言ってしまえば塗料を選ぶ基準は４つあります。

①耐久性	②価格	③環境適応性	④防汚性

この４つを総合的に考えて塗料を選ぶことが大切です。①**耐久性**と②**価格**についてはお話ししましたので次は③**環境適応性**について考えてみましょう。環境適応性とは環境対策のことです。いくら耐久性の高い塗料であっても、臭いがひどく体に有害な塗料では安心して家に住めません。

塗料は缶に入っているものをそのまま使って塗るわけではありません。塗りやすくするために溶剤を混ぜて塗ります。溶剤とは簡単に言えばシンナーのことです。シンナーで薄めて塗る塗料を**「溶剤タイプ」**と呼びます。最近は環境対策で溶剤タイプより水で薄める**「水性タイプ」**が多くなりました。水性タイプはシンナーを使わないので臭いもあまり気になりません。「水性」と聞くと何となくひ弱そうで心細い気がしますが、耐久性についてはまったく心配いりません。ただ溶剤タイプと比べれば、耐久性はわずかに下回るように思われます。そこで登場したのが**「弱溶剤タイプ」**です。カタログには**「ＮＡＤ型塗料」**とも書かれていますが、簡単に言えば溶剤タイプの耐久性と水性タイプの環境性をくっつけたものです。ただ溶剤タイプには変わりないので、水性タイプほど

の環境性は併せ持っていません。「環境適応性」については このくらいの知識があれば十分です。

最後に④**防汚性**について考えてみましょう。防汚性とは汚れの付きにくさのことです。外壁の汚れの原因は**電気と油**です。子どものころ下敷きを髪の毛にこすり付けて遊んだことがあると思います。合成樹脂でできている下敷きは摩擦によって静電気を帯びます。実は塗料にも同じことが言えます。塗料も下敷きと一緒で、合成樹脂でできているので、塗膜に風が吹きつけることによって摩擦が生じるのです。そうすると塗膜表面に静電気が発生します。この静電気が周りに浮遊するホコリを吸い寄せてしまうのです。しかもホコリを一度吸い寄せるとなかなか手放そうとしません。**塗膜自体がホコリを付着させる性質を持っているのです**。そこで各塗料メーカーは「低帯電性」の性能を持つ塗料を発売しています。静電気を発生させにくく、また静電気が発生したとしてもすぐに消滅してしまうという性能です。この「低帯電性」により汚れが付きにくくなるのです。

今度は油の話です。電気は汚れを吸い寄せる「力」ですが、油は「汚れそのもの」です。そもそも外壁の汚れの源は車の排気ガスや工場の煙、家庭の換気扇から出る煙などです。社会が生み出す汚れなので「社会的汚染」と呼びますが、どの汚れも**油性**です。塗料も合成樹脂なので油性です。そうすると塗膜と汚れとが**油性同士で合体**してしまうのです。それに油は水を弾きます。当然、塗膜も雨水を弾いてしまうので雨水によって汚れが洗い流されることはありません。だから逆に汚れを付きにくくするには塗膜を**親水性**にすればいいわけです。

低帯電性

低帯電性の性能を持つ塗料であれば、静電気による汚れの付着を軽減してくれます。

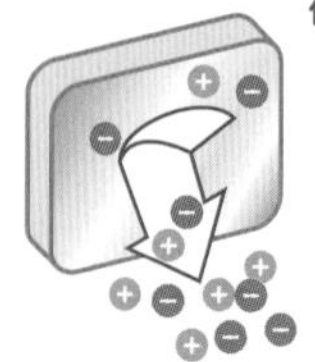

親水性

親水性の性質を持つ塗料であれば、汚れを付きにくくしてくれます。

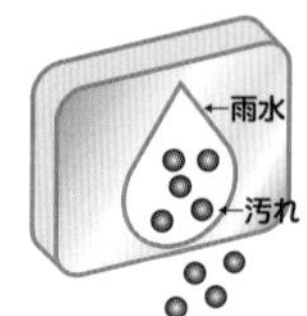

前にセラミック塗料を紹介しましたが、塗膜表面が全部親水性になるわけではないので、その効果は未知数であるとお話ししました。しかし、実は本格的な親水性の塗膜を作る塗料も発売されています。

たとえば、塗料に配合されたセラミック成分が硬化していく過程で塗膜の表面に浮き上がり、完全に硬化すると**ガラスのような親水性の塗膜**が形成されるような塗料があります。塗料は油性ですが塗膜の表面が「親水性」で水になじむため油をはじくのです。つまり水と油が混ざり合わないのと同じ理屈で、**「塗膜」と「汚れ」がお互いにしりぞけ合うのです。**

さらに汚れが付いたとしても塗膜が水になじむので、雨水が塗膜にくっつきたがって汚れの下に潜り込もうとします。雨水が汚れをすくいとって流し落としてくれるのです。**雨が降るたびに雨水が汚れをすすいでくれるというわけです。**また塗膜表面が親水性なので風が吹いても静電気が起こりにくくなります。これらのメカニズムにより汚れが付きにくくなるのです。

だから「汚れの付きにくさ」を重視するなら、このような塗料も検討してみてはいかがでしょうか。

また似たような原理で汚れを付きにくくする「**光触媒塗料**」というものもあります。これは太陽の光によって親水塗膜を生み出す仕組みで、とても高い防汚効果があります。しかし太陽の光が当たりにくい箇所ではその効果もあまり期待できないため、建物の北面と南面で汚れ具合に極端に差が出る場合があります。

その他にも特殊な性能を加えた塗料も開発されています。たとえば「**遮熱塗料**」です。太陽の日差しを反射し屋根の温度上昇を抑える効果があります。場合によっては屋根の表面温度が10℃以上下がり、その結果室内も涼しくなることがありますが過度の期待は禁物です。室内の温度変化は、屋根や外壁以外にも窓の大きさや断熱材の種類などにも影響を受けるので、すべての家で同じ遮熱効果を得られるとは限らないのです。

さて、これで塗料選びの基準がお分かりいただけたと思います。

①耐久性	**②価格**	**③環境適応性**	**④防汚性**

この４つのバランスを考えながら塗料を選ぶことが大切です。たとえばランニングコストを考えて「耐久性」を重視す

る。予算が限られているから「価格の安さ」を重視する。子どもが小さいから「環境適応性」を重視する。外観を綺麗に保つために「汚れの付きにくさ」を重視する。こういった具合です。とは言え、塗料メーカーも塗料の種類がたくさんありますので、これまでにお話しした基礎知識を踏まえた上で、まずは施工業者に相談してみてください。

あと注意すべきは下塗りです。**外壁や屋根を塗る時には下塗りをします。この上に仕上げ用塗料を通常２回塗って仕上げます。**下地用塗料で使うのが「シーラー」です。これを下地に吸い込ませることによって表面を固めて上塗りの密着を良くします。下塗り塗料は種類によってさほど値段も変わりありませんが、下地と仕上げ塗料、双方との適応性を同時に考えて選ばなくてはいけません。とくに最近主流になっているサイディング壁の場合は工法や種類によって選ぶべき塗料が違ってくるので、外壁の目立たない場所で試し塗りをして、塗料の密着の度合いを事前に調べなければならない場合もあります。これは専門的すぎて本書の中で説明できるような内容ではないので、施工業者のアドバイスに従ってください。

自己防衛知識⑦

保証書を信用しすぎると失敗する（耐用年数と保証年数の違い）

耐用年数と保証期間は混同されがちです。**「耐用年数」**は塗り替えをしてから年月が経って、再び塗り替えが必要になるまでの期間のことです。塗膜の劣化の順番は通常、以下のようになります。

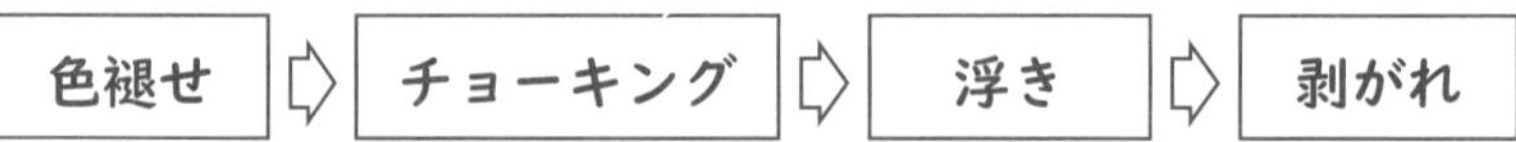

色褪せと剥がれとの間には数年もの差があります。そこで問題になるのが**「どの時点で塗り替えが必要と判断するか」**です。言い換えるならどの時点まで耐用させて「耐用年数」と呼ぶのかという問題です。大半の塗料メーカーではチョーキングを塗り替え時期の基準にしているようです。つまり「10年持ちます」と言った場合、塗り替えて10年間はチョーキングも浮きも剥がれも起こらないということです。

これに対して**「保証期間」**は塗料の品質や塗装の作業自体に問題があって、短期間で塗膜が剥がれたりふくれたりした場合に、**施工側が無償で補修する期間**のことです。

ただ、塗装工事の保証にはとても微妙な問題があります。塗装工事は一般の製品と違って、**塗料が壁や屋根に塗られて初めて価値を持つ製品**です。だから塗膜の異常が発生した場合、塗料そのものが悪かったのか工事のやり方が悪かったのか、それとも下地そのものに変化が起こったのか、原因を特定するのが困難なのです。そのような前提での保証です。工事して半年で塗膜が剥がれても悪質な業者であれば「うちの施工が原因ではないので塗料メーカーに話をしてみてください」と言い出すかもしれません。メーカーも「うちの塗料には問題がありませんので施工業者に話をしてみてください」と言ったら保証の意味がまるで無くなってしまいます。

そもそも塗料メーカーの塗料そのものに対する保証は通常1年です。だから施工業者が「15年保証」と言って10年目で塗膜が剥がれた場合は、メーカー保証が切れているので本来なら施工業者が無償で補修してくれるはずです。しかし現実には、全面足場をかけて無料でやり直してくれる業者はおそらくいません。「これは下地の歪みの問題なので保証の範囲外です」と言われればそれまでです。もちろん工事を受け持った施工業者が保証書を出した以上、その業者が工事のすべてにおいて責任を持つのが当然なのですが、塗装工事は言い逃れがいくらでもできるので、保証期間をあまり当てにしすぎてはいけないのです。

契約時
20年間保証
しますから
大丈夫ですよ！
それなら
安心ね！
保証
××塗装店
廃業

また保証期間が長すぎるのも考えものです。耐久性が高いフッ素を塗る場合は10年保証も可能ですが、**ウレタンやシリコンでの10年保証は少々太っ腹すぎます。**「10年保証」と言われて塗り替えたけれども２年足らずで塗膜が剥がれてしまい、業者の電話も使われていなかったという話をよく聞きます。こういう**「塗り逃げ」**をする悪徳業者も決して少なくないのです。だからウレタンやシリコンで10年保証を出すような業者は逆に疑ってかかるべきなのです。

自己防衛知識⑧
ハウスメーカーの長期保証は保証ではない？

「ハウスメーカーの長期保証に入っているんですけど、ハウスメーカーの見積りが高くて迷っています……」という相談をよく受けます。ここでは、この長期保証についてお話しします。

現在、新築の家には例外なく10年の瑕疵担保保証が付いています。家が建ってから10年の間に雨漏りのような重大な欠陥が見つかった場合、業者はその欠陥を無料で直さなければならないことが法律によって決められているのです。そして多くのハウスメーカーでは、この10年保証に加えてさらに長期の**「延長保証」**を謳っています。20年30年は当たり前で、長いところでは60年、中には「永久保証」というところまであります。保証期間を長くしてくれることは消費者の側からするとありがたい話なのですが、この延長保証には単純に喜べない事情があります。

「延長保証」は家電製品や精密機器などの商品によく用いられます。たとえば電気屋さんでテレビを買うと通常1年のメーカー保証が付きますが、その時に**延長保証料金**をいくらか支払うことで保証年数を５年に延ばせたりします。この場合テレビが故障しても、５年間は原則的に何回でも無料で修理をしてもらえます。だから住宅の場合も「50年延長保証」であれば、保証料金を支払うことで50年の間に発生した欠陥を何度でも修理してくれるものをイメージしてしまいます。

ところがハウスメーカーの延長保証はそういう意味ではありません。ハウスメーカーの延長保証は多くの場合、**自社による点検と自社による有料のメンテナンス工事を定期的に行う**ことを条件としています。実際にハウスメーカーの発行している保証書の但し書きを見てみると、次のような条件が小さく記載されています。

弊社が10年毎に行う定期診断を受け続けていること。そし

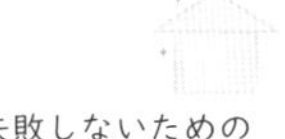

てその結果、工事が必要と判断された時に、その部分の耐久性維持のための有償工事（耐久工事）を受けていること。

この文言に込められたハウスメーカーの本音がお分かりでしょうか？　この文言は、主に「屋根と外壁」について書かれたものです。屋根と外壁は耐久性を維持するため、通常10年毎の再塗装工事が必要なので、そのタイミングでハウスメーカーが点検を行います。当然、再工事が必要と判断され、その工事費用は一般的な相場で80～120万円くらいです。そしてその工事費用を支払って、ハウスメーカーで再塗装工事を行った場合のみ保証が延長されるというものです。つまりいくらハウスメーカーが「屋根と外壁の延長保証50年」と謳っていても、実際にその保証を受けるためには100万円の再塗装工事が4回も必要なのです。

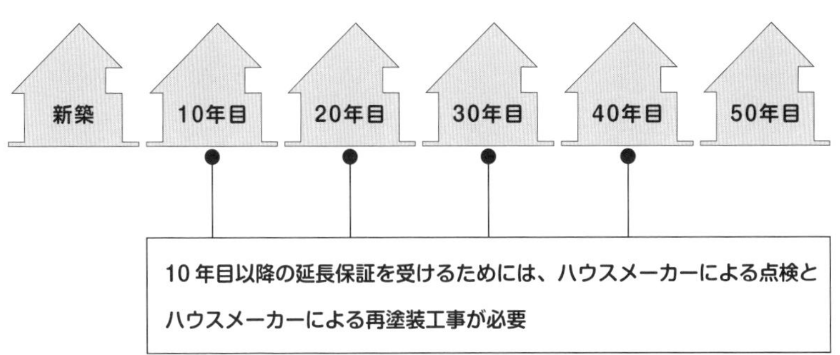

しかし果たしてこれは「保証」なのでしょうか？　よくよく考えてみると、家の持ち主が普通にお金を払って10年毎に塗装工事をしているだけの話であって、世間一般で言うところの「保証」とは意味合いが違います。

では、なぜハウスメーカーはこれをあえて「延長保証」と呼ぶのでしょう。もうお分かりかと思いますが、これがハウスメーカーの営業手法だからです。まず「延長保証50年」と謳うことで、「頑丈な家が建つこと」をアピールして、新築の受注を増やすことができます。そして家を建てて10年後に**「ウチで工事をしないと保証が継続できません」**という切り口で屋根と外壁の再塗装工事を受注するのです。

ハウスメーカーは新築だけをやっているイメージですが、新築市場が急速に縮小している昨今は、家が建った後のリフォーム工事も精力的に行っています。中でも定期的に発生する外壁塗装工事は、ハウスメーカーにとって安定した収益源になっています。

その工事費用は**80～120万円**くらいですが、これは自社で施工する中小の塗装専門会社に依頼した場合のお値段です。ハウスメーカーに依頼した場合は、ハウスメーカーが30～40%の利益を確保した上で工事を下請け業者に外注するので、

工事費用は**140〜200万円**くらいになります。そして言うまでもなく、その下請け業者とは中小の塗装専門会社です。つまり実際に工事を行うのが同じ塗装専門会社で、まったく同じ工事内容であるにもかかわらず、依頼先がハウスメーカーに変わるだけでお値段が30%以上高くなってしまうのです。

それでも多くの人は保証を継続するためにハウスメーカーに工事を依頼します。しかもこの場合はハウスメーカーの「言い値」で工事をせざるを得ません。今の時代リフォームで相見積りをとることは常識ですが、ハウスメーカーの営業マンは**「他社で工事を行うと保証制度が受けられなくなりますよ」**というセールストークを武器にして、**相見積りなしの「言い値」**で工事を受注できるのです。そのためもともと割高な工事代金がさらに高くなる傾向があります。

ちなみに外壁塗装工事を50年間やり続けると、専門店では**320〜480万円程度**で済む費用が、依頼先がハウスメーカーに変わっただけで**560〜800万円程度**に跳ね上がってしまいます。しかしそれでも、人には今持っている権利を失うことをとても嫌がる性質があるため、つい保証を継続したくなってしまうのです。ただ、**保証を継続させるための費用が、一般の家のメンテナンス費用を上回ってしまっては本末転倒です。保証も意味がなくなるどころか、保証の継続にこだわったがた**

ハウスメーカーの場合

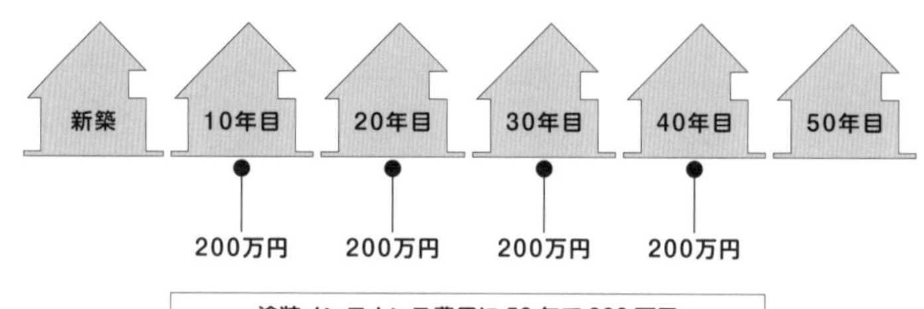

塗装メンテナンス費用に 50 年で 800 万円

10 年目以降の延長保証を受けるためには、ハウスメーカーによる点検とハウスメーカーによる再塗装工事が必要

塗装専門店の場合

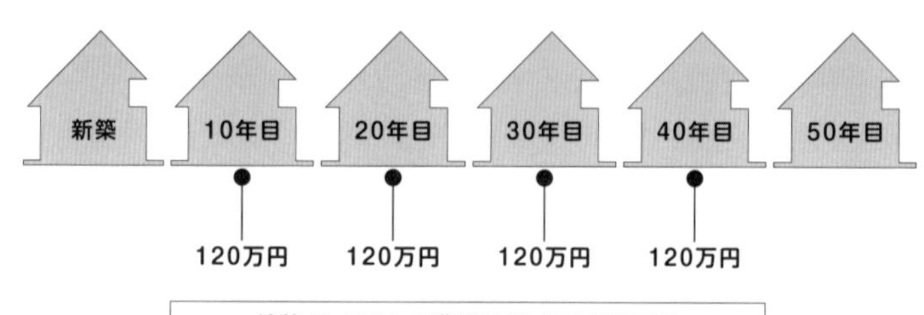

塗装メンテナンス費用に 50 年で 480 万円

10 年を目安に、持ち主が自主的に定期メンテナンスをした場合

めに損をしてしまうのです。

結局のところ、住宅メーカーはそれぞれ独自の長期保証を謳ってはいますが、本来の意味での「保証期間」は、法律によって義務付けられている10年だけなのです。ただ、ここでお話ししたのは、あくまでも多くのハウスメーカーに共通して言える一般的な内容です。中には、本当に有益な長期保証を行う会社もあるかもしれません。保証の内容は各社のホームページに掲載されているので一度確認してみることをお勧めします。

自己防衛知識⑨

根拠のない値引きと「お宅だけ特別に……」は手抜きの前兆

前にもお話ししたように、外壁塗装は手抜きをするつもりがあればいくらでも手が抜けます。手抜きをしたかどうかは工事が終わった直後には分かりづらく、数カ月から数年経って初めて分かるからです。木部や屋根は塗料の剥がれやホコリを丁寧に落としてから塗らなければ綺麗に仕上がりませんが、この手間を省いたり、仕上げ塗料を１回しか塗らなかったり、見積書や仕様書とは違う安価な塗料を使ったりといった具合に手の抜き方はいくらでもあります。

　また、お客様がいくら性能の良い塗料を選んだところで業者がそれを薄塗りするのであれば、塗料本来の性能は発揮されません。ウレタンやシリコンで塗っても５年程度で防水機能が切れてしまい塗り替えが必要になることも決して珍しくないのです。だから、まずは誠実で信頼できる施工業者を選ぶところから工事は始まります。

「値引きを要求したら営業の人が良い人で20万円も引いてくれた」という話をよく聞きますが、これも危険です。「塗料のグレードを下げるから金額が安くなります」と**安くなる根拠**を説明してくれる業者なら信頼できますが、仕様はそのままで**大幅な値引き**をする業者は決して信用してはいけません。確実に言えることは、業者はどんなことがあっても利益だけは確保しようとします。だから値引いてくれたぶんだけ気付かれないところで材料や手間を減らされているのです。

　最も大切なことですが**適切な材料**を使って**適切な施工**をするためには、**適切な価格**が必要です。この３つが揃わない限り完成度の高い工事が成立することはありません。お客様からの値引きの要求に応じて、ほとんど不可能と思われる金額で見積りを出す業者もいますが、これでは工事の質が落ちるのも当然です。必要以上に値引きを要求する人は結局損をしてしまうのです。

また、「色をこの中からお選びいただけば、**お宅だけ特別**に工事費を半額にします」「近所の工事で使っている足場をそのまま再利用するので、**お宅だけ特別**に足場費用は無料です」「今月中であれば、**お宅だけ特別**に安くします」という言葉はすべて契約を取るための「嘘」なので、このような不誠実な営業をする業者も信用してはいけません。これは特別に安いわけではなく、**特別に高い金額から値引いているだけ**です。値段だけで業者を選ぶ人も結局損をしてしまいます。

また「大丈夫です」「安くします」の連発で、「絶対剥がれません」「絶対汚れません」「10年保証です」など、良いことづくめのことしか言わない業者も信用しない方がいいでしょう。

自己防衛知識⑩

手抜き工事を防止する 簡単で確実な方法

実は、手抜き工事を未然に防ぐ**簡単で確実な方法**があります。これを一般に公開した資料はおそらく本書以外には無いと思いますが、この方法は実は国や自治体などの公共工事では当たり前に用いられています。もちろん塗装業界に携わる人であれば誰もが知っていることですが、これまで一般の消費者が知ることは一切ありませんでしたので、今からその方法についてお話しします。

これまでにお話ししたように塗装工事は**3回塗り**が基本です。1回目の下塗りはシーラーを塗るので色は白とかグレーとかクリーム色です。そして2回目の中塗りと3回目の上塗りは同じ塗料を使います。家全部を中塗りし終えて、きちんと乾かしてから仕上げの上塗りをするのです。下塗りと中塗りでは塗る色が変わるので問題ないのですが、心配なのは上塗りです。なぜなら大半の業者はこの中塗りと上塗りをまったく同じ色で塗っているからです。まったく同じ色で塗ってしまうとどうなるでしょうか？　間違いなく部分的に中塗りのままで終わってしまう箇所が出てきます。つまり**塗り残し**です。

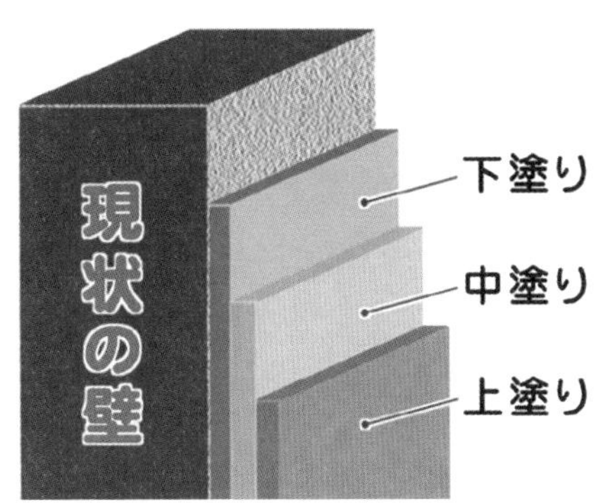

こう言うと大半の職人は「私はプロだから塗り残しなんてしません！」と反論します。しかしこのように答える人は二流の職人かもしくは不誠実な職人です。完璧を目指す一流の職人ほど、同じ色で塗ると塗り残しが出ることをよく知っています。これは考えてみればまったく当たり前のことです。軽く100㎡を超える家一軒の外壁をまったく同じ色で塗り重ねていって、わずかな塗り残しもなく作業を完了できるはずがないのです。とくに狭くて手が入りにくい細かな部分などはなおさらです。手抜き業者はここで意図的に作業工程を省いています。つまり**３回目の上塗りを省くのです。そうすればそのぶん手間も材料も半分で済む**ので業者は大きな利益を確保できます。塗装工事で見られる一番多い手抜きの方法がこれです。

それでは塗り残しがあるとその後どうなるのでしょう？　塗装工事が完了してしばらくの間は何の問題も起きません。しかし１年程度経つと徐々に**塗りムラ**が表れてきて見た目が極端に悪くなっていきます。また塗料のカタログを見れば分かりますが、仕上げに使う塗料の性能はほとんどの場合、中塗りと上塗りの２回塗りを前提としています。だから最後の上塗りを省くと塗料本来の耐久性が発揮されないために、塗膜が早く劣化してクラックが発生しやすくなります。つまり塗膜の寿命が大幅に短くなってしまい**次の塗り替え時期が早まってしまうのです。**

では、塗り残しを無くすためにはどうすればいいのでしょうか？　あなた自身が足場に登って一日中職人の仕事を監視するのもひとつの手です。しかし、もっと簡単で確実な方法があります。**中塗りと上塗りの色を変えればいいのです。**色を変えるといっても赤を塗った上に白を塗るわけではありません。そんなことをすると逆に下の色が透けてしまって仕上がりが悪くなります。だから微妙に色を変えるのです。たとえば最終的に真っ白に仕上げるのであれば、中塗りはその色に少しだけ色を混ぜて薄いクリーム色などで塗るのです。このように中塗りと上塗りの色を微妙に変えることによって**塗り残し箇所が一目で分かるようにするのです。**

「手抜きを防止するために色を変えて塗ること」は塗料メーカーも推奨していて、公共工事では常識です。さらに公共工事では、**工程毎の写真の提出**が施工業者に義務付けられています。そして住宅の塗り替えの場合でも、きちんとした業者ほどこの作業を徹底して行っています。しかし中にはこの作業方法を知らない素人のような業者もいます。「色を変えて塗ったら仕上がりが悪くなる」「そんなやり方は聞いたことがない」「写真の提出なんて普通はしないですよ」このようなことを言う業者との契約だけは避けた方が無難です。

また大半の業者は**「色を変えて写真を提出すること」**を嫌がります。それはそうです。どんなに小さな塗り残しも許されなくなるのですから。塗り残しがあると一目瞭然なので、狭くて手が入りにくい部分も隅から隅まできっちりと塗らなければいけなくなります。しかし逆に言うなら、この作業を面倒くさがるような業者は普段から塗り残しを出している業者です。だからこのような業者との契約も避けた方がいいのです。

この方法を知ってしまえば、信頼できる業者とそうでない業者を見分けることはとても簡単になります。業者に1つだけ質問をすればいいのです。

「中塗りと上塗りって同じ塗料だから、同じ色で塗るんですよね？」この質問は業者の本音を聞き出すためのものです。この反応でその業者が普段から色を変えて塗って写真を提出しているかどうかが分かります。「そうですね！　下塗りは違う色ですけど中塗りと上塗りは同じ色です」このように答える業者は二流の業者か手抜き業者です。逆に「中塗りと上塗りを同じ色で塗ると塗り残しが出るので、私どもは色を変えて塗っています。その証拠として工程毎の写真をお客様に提出しています」このように答える業者こそが信頼できる一流の塗装工事店なのです。だから、もしあなたが知り合いの人に工事をお願いしようと思っていても、この質問だけは必ずした方がいいと思います。

ただ念のため言っておきますが、最初から「色を変えて塗って写真を提出してください」とお願いすると、業者は契約をもらうために調子を合わせてきます。だからお願いするのではなく、あくまでもさりげなく質問してください。このたった１つの質問で、あなたが工事を依頼すべき業者なのかどうかが一発で分かるはずです。

自己防衛知識⑪

塗装工事の見積書、６つの確認ポイント

これからお話しすることは口頭で確認しても意味がありません。口約束はトラブルの入口です。必ず書面（見積書）で確認してください。業者から見積書を提出してもらうと、つい総額ばかりに目が行ってしまいます。しかし何より大切なのは見積書の内容をよく確認することです。確認のポイントは全部で６つあります。

1　支払いの条件

塗装工事の場合、支払方法は工事完了後の支払いか、契約時と工事完了後の２回払いが一般的です。工事前に全額を支払ってしまうと姿をくらます悪徳業者もいますので、くれぐれも「工事代金を契約時にお支払いいただければ消費税ぶん

をサービスさせていただきます！」このような甘い言葉にそそのかされないようにしましょう。

2 塗装箇所

業者とのトラブルで多いのが「そこは塗ってくれるんでしょ？」「いいえ、そこは見積りには含まれていません。塗るのであれば別料金をいただきます」といった食い違いです。普通、屋根や外壁は見落としませんので、それ以外の箇所について確認してください。たとえば、樋・軒・破風・水切り・雨戸・庇といった部分ですが、この中にはちょっと分かりにくい言葉もあるので、一番良いのは**逆に塗らない箇所を書面にしてもらうことです**。そこに書いていない箇所についてはすべて塗るということなので最も確実な方法です。ただ**２階バルコニーの床・外の門や塀・雨戸・戸袋**。この４箇所だけは本当に食い違いやすい部分なので必ず確認するようにしてください。**「塗らない箇所：樋・２階バルコニーの床・外の門と塀」**このように見積書に書くことが一番確実です。

3 塗り残し防止方法

塗り残し防止方法が最初から記載されていれば安心です。

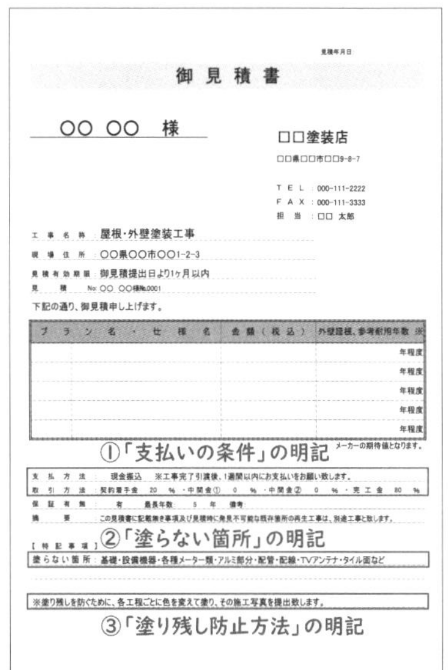

見積年月日

御見積書

〇〇 〇〇　様

□□塗装店
□□県□□市□□9-8-7
ＴＥＬ：000-111-2222
ＦＡＸ：000-111-3333
担当：□□ 太郎

工事名称：屋根・外壁塗装工事
現場住所：〇〇県〇〇市〇〇1-2-3
見積有効期限：御見積提出日より1ヶ月以内
見積 No: 〇〇 〇〇様№0001

下記の通り、御見積申し上げます。

プラン名・仕様名	金額（税込）	外壁屋根、参考耐用年数 ※
		年程度
		年程度
		年程度
		年程度
		年程度

※メーカーの期待値となります。

①「支払いの条件」の明記

支払方法：現金振込　※工事完了引渡後、1週間以内にお支払いをお願い致します。
取引方法：契約着手金　20　%・中間金①　0　%・中間金②　0　%・完工金　80　%
保証有無：有　最長年数　5　年　備考
摘要：この見積書に記載無き事項及び見積時に発見不可能な既存箇所の再生工事は、別途工事と致します。

②「塗らない箇所」の明記

【特記事項】
塗らない箇所：基礎・設備機器・各種メーター類・アルミ部分・配管・配線・TVアンテナ・タイル面など

※塗り残しを防ぐために、各工程ごとに色を変えて塗り、その施工写真を提出致します。

③「塗り残し防止方法」の明記

プランA　水性シリコン樹脂仕様　　外壁屋根、参考耐用年数：10 年程度

④「塗装工事以外の費用」の明記

⑤「塗料の種類・塗りの回数」の明記

内容	詳細	数量	単位	単価	金額	備考
（仮設工事）						
仮設足場	飛散防止ネット含む	180.0	㎡			
仮設トイレ		1.0	式			
（塗装前工事）						
高圧洗浄	屋根・外壁・その他	150.0	㎡			
マスキング	塗装しない部分	1.0	式			
シーリング工事	打ち替え	20.0	m			
〃	増し打ち	20.0	m			
（外壁塗装）						
下塗り ローラー塗り	水性△△サーフェサー	100.0	㎡			△△塗料
中塗り ローラー塗り	水性△△シリコン	100.0	㎡			△△塗料
上塗り ローラー塗り	水性△△シリコン	100.0	㎡			△△塗料
（屋根塗装）						
下塗り ローラー塗り	水性△△ヤネシーラー	50.0	㎡			△△ペイント
中塗り ローラー塗り	水性△△ヤネシリコン	50.0	㎡			△△ペイント
上塗り ローラー塗り	水性△△ヤネシリコン	50.0	㎡			△△ペイント
（その他塗装）						
破風 ローラー2回塗り	△△ウレタン	25.0	m			△△塗料
軒天井 ローラー2回塗り	△△ウレタン	15.0	㎡			△△塗料
雨樋 ケレン 2回塗り	△△ウレタン	30.0	m			△△塗料
雨戸（表面） ケレン サビ止め	△△ウレタン	3.0	枚			△△塗料
鉄部 ケレン サビ止め	△△ウレタン	1.0	式			△△塗料
木部 ケレン	△△ウレタン	1.0	式			△△塗料
バルコニー床 下塗り ローラー		1.0	式			△△塗料
バルコニー床 中・上塗り		1.0	式			
外塀 洗浄 下・中・上塗り	△△ウレタン	1.0	式			
（雑工事）						
テラス屋根 ポリカ板脱着		1.0	式			
屋根タスペーサー施工	縁切り	50.0	㎡			
諸経費		1.0	式			
小計①					-	
端数調整値引き						
小計②					-	
消費税					-	10 %
プランA合計					¥ -	

4　塗装工事以外の費用

塗装工事以外の費用（次の５つ）が含まれているかどうかを確認してください。

1　**足場費用**

2　**ネット養生費用**

3　**マスキング費用**

4　**シーリング（コーキング）工事費用**

5　**高圧洗浄費用等**

5 塗料の種類・塗りの回数

「塗料は良いものを使いますからお任せください」業者がよく使う言葉ですが、逆に「塗料は悪いものを使います」なんて言う業者はいるはずがないので、この言葉を鵜呑みにしないようにしましょう。第一「塗料は良いもの」ではどんな塗料なのかが分かりません。必ず**塗料のメーカー名・塗料名・樹脂成分・何回塗るのか**を確認してください。これだけ明記されていれば何かトラブルが起きた時にも塗料メーカーに電話で問い合わせることができます。また契約を交わした後には、外壁と屋根にどの色を使うのか、その色番号も何らかの書類に明記してもらった方が良いでしょう。

6 保証の有無

最近では塗装工事で保証書を発行することは一般的になりましたが、中にはいまだに保証書を出さない業者もいます。また仮に保証書を受け取ったとしても、保証の内容が不十分なものであればあまり意味がありません。だから保証の有無だけでなく、**保証の内容や年数**も必ず書面で確認しましょう。また、これらは**契約前の段階で確認する**必要があります。なぜなら契約後では、業者の提示する保証内容を無条件に受け入れざるを得ないからです。信頼できる業者であれば、お客様の方から催促しなくても、保証の詳細な内容や年数を明記した保証書を見積書に添付してくれるはずです。

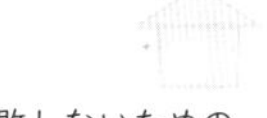

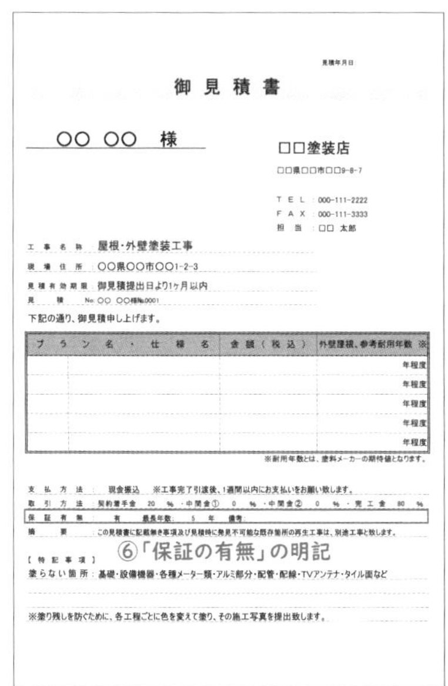

見積年月日

御見積書

〇〇 〇〇　様

□□塗装店

□□県□□市□□9-8-7

ＴＥＬ：000-111-2222
ＦＡＸ：000-111-3333
担当：□□ 太郎

工事名称　屋根・外壁塗装工事
現場住所　〇〇県〇〇市〇〇1-2-3
見積有効期限　御見積提出日より1ヶ月以内
見積　No.〇〇 〇〇様No.0001

下記の通り、御見積申し上げます。

プラン名・仕様名		金額（税込）	外壁膜厚、参考耐用年数 ※
			年程度
			年程度
			年程度
			年程度
			年程度

※耐用年数とは、塗料メーカーの期待値となります。

支払方法　現金振込　※工事完了引渡後、1週間以内にお支払いをお願い致します。
取引方法　契約着手金　20％・中間金①　0％・中間金②　0％・完工金　80％
保証有無　有　最長年数：　5　年　備考：
摘要　この見積書に記載無き事項及び見積時に発見不可能な既存箇所の再生工事は、別途工事と致します。

⑥「保証の有無」の明記

【特記事項】
塗らない箇所：基礎・設備機器・各種メーター類・アルミ部分・配管・配線・TVアンテナ・タイル面など

※塗り残しを防ぐために、各工程ごとに色を変えて塗り、その施工写真を提出致します。

以上が書面で確認しなければならない６つのポイントですが、実は見積書さえ見れば、だいたいその業者がどんな業者なのかが分かります。なぜなら、きちんとした業者ほど見積書に落ちが無く、何も要求しなくても、今までにお話しした**①～⑤の確認事項が最初から明記されていて、契約前に⑥の保証内容を説明してくれるからです**。ですから「大手だから信用できる」とか「知り合いの業者だから心配ない」ではなく、見積書や保証書の内容をよく見て契約すべき業者かどうかを判断するようにしましょう。

自己防衛知識⑫

依頼先によって大きく変わる塗装工事のお値段

最後に誰もが気になる**「塗装工事の値段」**についてお話しします。塗装工事では通常、**塗装**の職人と**足場**の職人で工事を完成させます。しかし現場の状況によっては木部の補修をする**大工**や樋の補修をする**板金**の職人、モルタルの補修をする**左官**の職人、コーキングやバルコニーの床などを専門に扱う**防水**の職人、足場をかけるためにカーポートの屋根を脱着する**エクステリア**の職人も必要になります。これらの職人を全員社員として雇っている塗装会社は日本中探してもおそらくありません。なぜなら人件費がかさみ工事費用が逆に高くなってしまうからです。塗装業者は必要な時にその都度、職人に工事を外注しているのです。これらの職人をタイミングよく現場に入れ、職人を指揮しながら塗装工事を完成させるのが**現場管理**の仕事です。

このぶんの費用である**「現場管理費」**も含めて、延べ面積30～35坪（各階の床面積の合計）でウレタンやシリコンの塗料で家をまるごと塗った場合、工事金額は**80～120万円**くらいが相場になります。見積書に先の①～⑥の確認事項を明記している会社でこのくらいの価格であれば、その業者は間違い

なくあなたが満足できる工事をやってくれるはずです。よく**200万円**とか**300万円**で塗装工事をしたという話を耳にしますが、塗装工事は本来そんなにお金がかかるものではないのです。

ただ、この金額は塗装工事店の相場です。18～28ページでもお話しした通り、これが**リフォーム営業会社**や**ハウスメーカー**になるともっと金額は膨らみます。

つまり同じ工事内容であっても、塗装工事店に直接頼めば80万円の工事がリフォーム営業会社に頼むことで140万円になり、120万円の工事が200万円になり得るのです。リフォーム営業会社の社員さんが自分の家を塗り替える時に、自分の会社を通さずに下請けの塗装店に直接工事をしてもらうのは、そのためなのです。

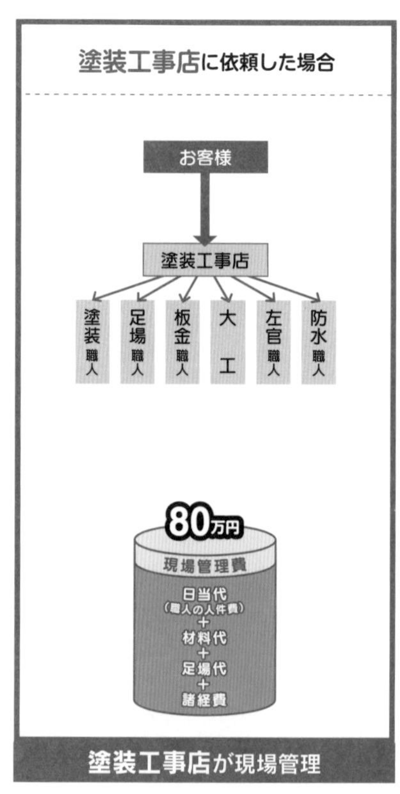
塗装工事店に依頼した場合
お客様
塗装工事店
塗装職人
足場職人
板金職人
大工
左官職人
防水職人
80万円
現場管理費
日当代
（職人の人件費）
＋
材料代
＋
足場代
＋
諸経費
塗装工事店が現場管理

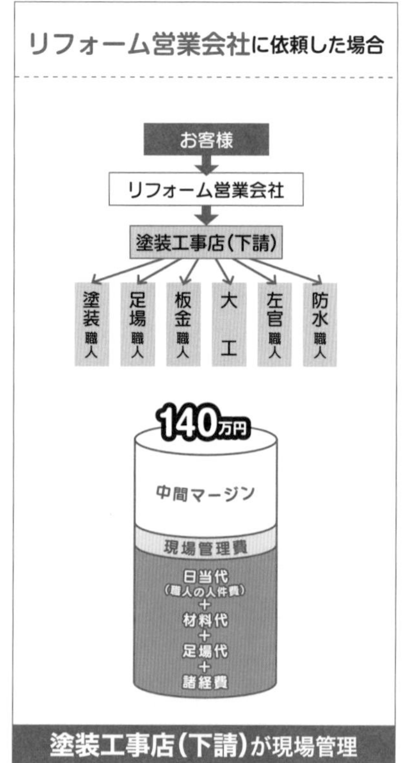
リフォーム営業会社に依頼した場合
お客様
リフォーム営業会社
塗装工事店（下請）
塗装職人
足場職人
板金職人
大工
左官職人
防水職人
140万円
中間マージン
現場管理費
日当代
（職人の人件費）
＋
材料代
＋
足場代
＋
諸経費
塗装工事店（下請）が現場管理

第4章

お得にリフォームするために

逆転現象発生！

増税後の方が安くリフォームができる!?

2019年10月に消費税が８％から10％へ増税されました。リフォームを検討している人の中には、「増税前にリフォームしておけばよかった……」「増税までに間に合わなかった……」と後悔している人がいるかもしれません。

しかし今回の増税に限っては、必ずしも増税前の方がお得とは限りません。**「次世代住宅ポイント」「キャッシュレス・消費者還元事業」**といった制度をご存じですか？　これらは政府が増税ぶんの負担を減らすために準備した制度ですが、今回政府は景気の失速を懸念しすぎて「負担を減らしすぎた」感があります。

つまり負担を減らしすぎて逆に、増税後にリフォームする方がお得になる**「逆転現象」**が起こる可能性があるのです。増税後の方がお得にリフォームできるなんておかしな話ですが、いずれの制度も条件がそれほど厳しくなく、多くの人に適用されるため利用しない手はありません。

次世代住宅ポイント制度

「次世代住宅ポイント制度」とは、対象となるリフォームをした場合、最大で30～60万円相当のポイント（1ポイント＝1円相当）がもらえます。もらったポイントは、特産品や食料品・省エネ家電などさまざまな商品と交換できます。対象となるリフォームは、『内窓の設置などの断熱リフォーム』『システムキッチンやシステムバスなどの水まわりリフォーム』『段差解消などのバリアフリーリフォーム』などです。

詳しくは「次世代住宅ポイント」のホームページ（https://www.jisedai-points.jp/）をご覧いただければと思いますが、この制度は政府が決めた予算総額に達した時点で終了となります。つまり**早い者勝ち**なのです。以前、同様のポイント制度（省エネ住宅ポイント）がありましたが、ポイントの申請開始から約7カ月で受付が終了となりました。今回も早々と予算総額に達してしまうことが予想されます。

※本書の発売時期によっては、「次世代住宅ポイント制度」は終了している可能性もあります。その際はご了承ください。

キャッシュレス・消費者還元事業

「キャッシュレス・消費者還元事業」とは、クレジットカードなどのキャッシュレス決済でリフォームした場合、増税ぶんの2％を上回る5％が消費者に還元されるというものです（2020年6月末まで）。

たとえば、30万円のリフォームをした場合、現金ではなく、クレジットカードで支払うことで、その５％（１万5,000円）ぶんのポイントが後から戻ってきます。つまり実質28万5,000円でリフォームできるということです。

しかし５％還元を受けるためには、国（事務局）の審査をクリアした中小のリフォーム業者で工事をしなければなりません。審査をクリアしていないリフォーム業者でクレジット決済しても、５％還元を受けることはできないので注意が必要です。

こちらも詳しくは「キャッシュレス・消費者還元事業」のホームページ（https://cashless.go.jp/）をご覧ください。

お金がなくてもリフォームできる！ 住宅ローンの借り換えを利用した「０円リフォーム」とは？

リフォームしたいけど、まとまったお金がすぐに用意できないという方にお勧めしたいのが『０円リフォーム』です。

現在、住宅ローンはひと昔前からすると考えられないような低金利が続いています。そのため、現在お支払い中の高い

金利の住宅ローンを低い金利の住宅ローンに借り換えるだけで、将来的に支払う予定だった**金利を大幅に減らす**ことができます。

『0円リフォーム』とは、その減った金利ぶんをそのままリフォーム費用に充てて、実質タダでリフォームすることです。現在、借入中の住宅ローンが次のような条件に該当する方が対象になります。

1　残高が1,000万円以上
2　残りの返済期間が10年以上
3　金利が1.5%以上

この3つすべてに当てはまる方は、借り換えによる金額差でリフォームを行える可能性があります。まずは金額差がどの程度あるのかを具体的に試算するために、借り換えを検討している金融機関などに相談してみましょう。

あとがき

最後までお読みいただきまして、本当にありがとうございました。本書では、これまで業界内でひた隠しにされてきた内容も含めて建築業界の現状と実態について、ありのままにお話しさせていただきました。

長年、建築業界に身を置く立場として、正直、「ここまで公開していいのだろうか……」という迷いがなかったわけではありませんが、実態を知り得る立場にいるからこそ、業界の悪しき習慣や常識も含めて本当のことを皆様にお伝えしなければならないと思い、今回筆を執りました。

リフォームは安い買い物ではありません。だからこそ皆様には決して失敗してもらいたくないのですが、手抜き工事のようなリフォームトラブルは社会問題になるくらいに多発しています。

もちろんこれはすべて業者側に責任がありますが、消費者の側に「最低限の建築の知識」があれば防げることでもあります。ですからトラブルに巻き込まれないためには、消費者

1人ひとりが、リフォームの基礎知識を知ることが不可欠であると考え、私はこれまで16年間にわたって無料冊子による情報提供に努めてまいりました。その冊子もおかげさまで本当に多くの方からお問い合わせをいただき、累計の発行部数も67万部に達しました。本書はその無料冊子の内容をベースに新たに書き直したものです。

心から納得のいくリフォームをするためには、すべてを業者に委ねるのではなく、あなた自身があなたの家のリフォームに主体的に取り組むことが大切です。本書がそのための道しるべとなり、あなたの家のリフォームを成功へと導いてくれることを願ってやみません。

株式会社ゆうネット
優良工事店ネットワーク
優良建築家ネットワーク
代表　堤　猛

特別プレゼント企画

大切な我が家を元気に長持ちさせる方法を
動画で分かりやすく解説！

お住まいのメンテナンス教室DVD
無料進呈

我が家を元気に長持ちさせるためには、雨水の浸入を防ぐことが大切です。とくに外壁のヒビや窓枠回りの隙間などから雨水が入り込みやすいので、その部分の劣化箇所を補修しておく必要があります。こういったメンテナンスは一見難しそうですが、中には擦りむいた膝にバンソウコウを貼る程度のお手軽なメンテナンスもあります。

収録時間 約46分

送料無料

即日発送

このDVDでは、ホームセンターや100円ショップで買い揃えられる材料や道具で、外壁や樋の損傷を自分で補修する方法や、DIY塗装の方法を分かりやすく実演・解説しています。

在庫数限りとなりますが、今なら無料でプレゼントしています。お気軽にお申し込みください。

《お申し込み方法》

電話・FAX・メール・はがき（郵便番号、住所、氏名、連絡先、「メンテナンスＤＶＤ申込」と明記にて）

■電話：0120-146-064（9時～17時まで、土日祝日も営業）　■FAX：0120-146-067（24時間）

■メール：info@ykn.jp

■はがき：〒810-0001

福岡県福岡市中央区天神4-1-17博多天神ビル2階　「優良工事店ネットワークメンテナンスDVD係」宛

※この特典は予告なく終了する場合がございます。

ほんの一部ですが、掲載の許可をいただけた読者の感想をご紹介します。

Nさま

どうせ宣伝だろうと思って読んでいましたが……

正直言って、どのみち自分たちの宣伝だろうけど、少しでも参考になればいいやと思って読んでいましたが、一読して伝わってきたのは、「ぜひ知ってほしい」というプロとしての姿、誇りを感じました。具体的な内容に、昔おこなった工事は、こういう成り立ちだったのかと合点がいきました。

Iさま

友人・知人にもこの本を読むように薦めます！

一番苦労するのは、業者選びです。リフォーム業界の仕組みのご披露は大変参考になりました。リフォーム業者に依頼して、うまく口車に乗せられていた経験を今更のごとく悔しく思っています。また友人・知人にもこの本を読むように薦めます。

Kさま

内容が濃く、重みのある一冊。もう少し早く読んでいれば……

業者のようにこと細かい部分まで知ることは不可能かもしれないが、この本の内容がわずかでも頭の片隅にあれば未然に多大な出費を抑えることにもなり、懐の負担軽減にもつながるとつくづく思いました。この本一冊だけでも内容の濃い、そして重みのある本だと思います。

Iさま

近所の人に貸してあげたいです！

外壁塗装では、手抜き工事であるかどうかは素人では分かりません。しかしこの本によって、詳しく塗装の内容が書いてあったので、とても参考になりました。ありがとうございました。この本を近所の人で家のリフォームや外壁塗装したい人がいたら、貸してあげたいと思いました。

限元さま

基準ができて嬉しい限りです。

外壁塗装といっても、中身がどういう仕組みになっているのかが今まで全然知らない状況でした。特に塗料ひとつとってみても、ホームセンターの棚一杯に並んでいてびっくりしていたくらいです。それだけで、どの塗料が良いというのは決めかねるときが多かったと思います。今回この本を読んでみて、どのような成分が含まれているのが好ましいなど載っていますので、基準ができて本当に嬉しい限りです。

Iさま

疑問に対する具体的な答えが記述してあり、参考になりました！

外壁塗装についての疑問や、ここが知りたいと思っていたことに具体的に答えが記述してあり、本当に参考になりました。とくにランニングコストに占める足場代の対応策、塗料の選び方、手抜き工事の予防法、契約前の確認事項が強く印象に残りました。

細田さま

読んでなるほど！

キャンペーン期間中だから値引きしますという広告につられ、大手に見積りを依頼したところ、営業担当者を通さないと工事業者と話ができず困っていました。この本を読んで、なるほどこういう仕組みだったのかと納得し、改めて地元の業者に見積りを依頼し直しました。この本を読んでいなかったらと思うとゾッとします。

Yさま

塗装工事などめったに経験がないので……

わが家も新築から12年でそろそろ外壁も汚れが目立つようになったので、この本を読んで勉強しました。塗装工事などめったに経験がないので分からないことばかりで大変参考になりました。

Tさま

勉強のつもりでこの本を読んでみました

リフォーム会社からチラシ配布、自宅訪問での勧誘等が多かったのですが、決めかねていました。この本のことを知り、勉強のつもりで読んでみました。リフォームの知識がつき、おかげさまで無事リフォームを済ませることができました。

山口さま

参考になりました

知り合いからこの本のことを聞き、早速読んでみました。内容はとても分かりやすく参考になりました。

五十嵐さま

安心してリフォームすることができました！

築11年が経過し、外回りの工事をどの業者に依頼しようかと迷っていました。近所のリフォーム会社に見積りをとったところ、イマイチ納得ができませんでした。そんな矢先、この本のことを知りました。リフォーム業者選びや塗装の基礎知識の参考となり、安心してリフォームすることができました。

Sさま

どんな基準で選んでよいか迷っていたところ……

初めてのリフォームのため、どんな業者をどんな基準で選んだらよいのか迷っていたところ、この本を参考に業者を決めることができました。

Aさま

この本を参考に業者を比較

屋根・外壁の塗装は３度目となる今回は、以前よりさらに限られた予算で信頼できる工事店を探していたところ、この本のことを知りました。この本を参考にいくつかの業者を比較検討して、その結果満足のいく工事ができました。ありがとうございました。

Gさま

この本を読んで過去のリフォームについても納得

築27年になります。ご多分に漏れず、飛び込み業者で失敗をしました。ご近所のお友達のところから始まり、足場を動かす分、近所なので安くなるという言葉に負け、築10年目に初めて屋根・外壁塗りをしましたが、足場は頼りなく、若い職人さんたちが人海戦術とばかりの勢いで数日で終わりました。結果、雨で屋根の塗料が流れ、やり直してもその後の状態は日増しに悪くなる一方でした。このような経験をしたのでこの教科書を読んだときは納得させられました。

Sさま

自分で業者を探す参考になりました！

親戚にリフォーム業者がいるのでそこに工事を頼もうと思っていましたが、知り合いだと言いたいことが言えなくなるのではとの不安もありました。ただ、自分で業者を探すのも難しいと感じていたときにこの本と巡り会いました。とっても参考になりました！

Hさま

自分でもきちんと勉強したい……

いつかはリフォームしなければと思っていました。何でも業者任せにしてはいけないので、自分でも勉強したいと思っていたところ、この本を見つけました。

山田さま

知っているのと知らないのでは大違い

リフォーム業者を選ぶときに、この情報を知っているのと知らないのでは大違いです。

匿名希望

もっと早くこの本を出してほしかった

今まで20年間で大小あわせて４回リフォームをしました。相場も分からず、業者から言われたままの内容で工事をお願いしていましたが、思い返せば一度もスッキリしたことはありませんでした。この本を読んで最初に思ったことは20年前にこの本を出して欲しかったことです。これからのリフォームは少し楽しめそうです。

荒川さま

両親にも読ませ、一緒にリフォーム

両親も高齢になり、私は長男なのでそろそろ同居かなと思っていました。私が主体となり二世帯リフォームをするつもりですが、両親にもこの本を読んでもらい同じ気持ちで一緒にリフォームをしたいと思います。

Kさま

とても分かりやすかった

建築関係のことはまったく分からないので文字ばかりの本だと全然頭に入ってこないし、写真が多くても羨ましいと思うだけでしたが、この本はマンガやイラストでイメージしやすく、文章も素人の私でも分かりやすかったです。

匿名希望

姉がトラブルに巻き込まれたので……

姉家族がリフォームして業者とトラブルになっていると聞き、何かの手助けのためにこの本を読んでみました。今となっては後戻りできませんが、この本で得た知識で業者と話し合ってみたいと思います。

島田さま

あまり期待はしてなかった……

２年後に家をまるごとリフォームしようと思っていますので、リフォームの本は結構読んでいるつもりでした。その中でもこの本は特殊というか視点が他の雑誌と違ったので、最初はあまり期待してなかったのですが、読んで良かったと思ってます。

Bさま

営業マンとの話し合いが……

家を建ててくれたハウスメーカーからリフォームを提案されていて、話が進んでいます。けっこう大掛かりなリフォームなので金額も思っていたよりも高くなりそうなのですが、営業マンとの話し合いがうまくいきません。噛み合ってないと言いますか。いつもお金の話が多くなり、具体的なリフォームのイメージがなかなか分からずに疲れます。営業マンだけではダメですね。

匿名希望

訪問してきた業者だったから……

毎年、春になると業者がピンポンしてきます。角地だから目立つそうで、特別に安くするとかキャンペーン中だからと。そんな業者には慣れているので軽く応対していますが、基礎知識を知ったので、今度は少し真面目に話を聞いてみようと思います。

髙井さま

結局、工事業者は自分で探さないといけない……

リフォームの見本市に行きましたが、いろんな建材メーカーがありどれも良かったのですが、工事はどこかに頼んでくださいとのことで、結局、工事業者は自分で探さないといけないということでした。早速、この本を参考にして業者選びを始めたいと思います。

Gさま

他のリフォームの本とは目的が違う

広告代理店に勤めているのである程度のことは分かりますが、本屋のリフォーム雑誌コーナーにある本は、見た目は良いが内容は工事会社の宣伝ばかりです。だからこの本を読んだ時は他の本と目的が違うなと感じました。

Nさま

今度は自分で決める

今までは知り合いの紹介の業者で小さいですがリフォーム工事をしてきました。一部分のリフォームだったので結果は普通でしたが、今度は和室と洋室を１つの部屋にするリフォームを考えているので、今までの業者だと不安です。基本は分かったので今度は自分で決めた業者にまずは見積りをお願いしようと思います。

松尾さま

知ろうとしなかっただけ

お金さえ払えば建築会社が何でもやってくれていましたが、それでは駄目だと気付きました。今まで払っていたお金もその時は良心的と思っていましたが、今となってはそれもどうだったのかと思うくらいです。本当に何も知ろうとしなかっただけで、これからはもっと知識をつけるために勉強していきたいと思います。

匿名希望

常識すら知らなかった

この本を読んだ感想。たぶん、これは常識の内容なんだと思いました。でも私はそんな常識すら知らなかったんだと恥ずかしい気持ちになりました。世間知らずは本当に怖いです。

辻井さま

小学校の息子が先に読んで……

本を手に入れてしばらく読まずにしまっておいたら、先に小学校６年生の息子がマンガと勘違いして読んでました。結局全部読んだみたいで、息子に内容を教えてもらいました。リフォームすることを喜んでいましたが、「僕が業者を選ぶから」と言ってます。

田中さま

夫が勝手に業者を決めたから……

この本には本当に助けられました。３年前からリフォームの話は家族でしていたのですが、夫が勝手に業者を決めて見積りをとって契約しようとしていたので、最初は喧嘩になりましたが、私の親からこの本を借りて一緒に読んでからは夫も冷静になったみたいです。別の業者にも来てもらって、今から比較の見積りをしてもらいます。

Fさま

大勢の人が悩んでいるのに……

　いろんな会社がリフォームをしていて、テレビの影響で近所もリフォームしていますが、皆さんどうやって業者を決めているのか本当に分かりませんでした。私は本当に悩みましたが、こんなにも大勢の人が悩んでいるのにどうしてそれを助けるものがないのかと怒っていたくらいです。その悩みもこれで少しなくなりました。絶対にこの本を知り合いに紹介します。

工事店・建築家の感想

福岡県
N建設

恥ずかしくない仕事を……

この本を読んだ方に実際にお会いしてみると、リフォーム工事について理解されている部分が多いので、プロとして恥ずかしくない仕事をしなければと張りつめた気持ちになりました。

静岡県
K工務店

結果、生き残っていくのは……

これだけ世の中にリフォーム業者がいれば競争は激しいですが、結果生き残っていく工事業者は安さだけではなく、きちんと仕事をしている業者だと広まってほしいです。

大阪府
M建設

元請けとしてやっていく覚悟

会社の設立以来、ずっと大手や中堅の下請けをやってきましたが、金額も無理やり安くさせられ、何でこんな内容を提案しているのだろうと思うような工事に正直嫌気がありました。言われたことだけ聞いていれば楽ですが、これを参考に元請けとしてやっていく覚悟ができました。

岐阜県
K建築

もっと世の中に広まってほしい

建築一筋でやってきましたが、最近のリフォーム業者の多さは本当にひどい。誰でも簡単に建築ができると思っているのか分からないが、スーツを着た若い営業マンとよくバッティングする。その営業マンに負けた時は本当に悔しい。もっとこの本が世の中に広まることを本当に願う。

北海道
M建装

大手には負けたくない

私の地元にも大手のリフォーム会社が進出してきました。社員募集の広告を見ると、こんなに給料もらえるの？　とビックリしましたが、どれだけぼったくりしてんだって話です。地元の業者として絶対に負けないように頑張ります。

京都府
U工務店

リフォーム業者とひとくくりにされるのは……

リフォーム業者とひとくくりにされるのは、当社としては正直気持ちの良いものではありませんでした。ただ、この本には職人、工事店、営業の会社と区別されて書かれていて、その中で当社はリフォーム業者ではなく工事店と認識できたのはありがたかったです。

神奈川県
I工務店

段取りの難しさを知ってほしい

たまにこの工事なら私でもできるのでもっと安くしてよと言われる人がいます。だったらどうぞと言いたいところですが、もちろんそんなことは言えません。職人や材料を手配して、現場では職人にこういう仕上げでと打ち合わせをして、現場では本当にいろんなことが起きます。それをどう上手く調整するのか、これが難しいんです。この本にはそれが書いてある。正直嬉しかったです。

東京都
O建設

工事の前にこの本をお客様に見せたい

おかげさまで去年は新築２棟、リフォームは50件くらい受注しましたが、お客様との打ち合わせ不足を実感してます。工事の前にこの本をお客様に見せたら、話も早く打ち合わせもスムーズにいくと思います。

埼玉県
K建設

もっと宣伝して

この業界に入って来年で40年になります。昔は私の周りにも同業者がたくさんいましたが、今は同じ業界でも同業者とは呼べないような会社ばかりです。とくに大手はお金の力でお客をどんどん奪ってますが、納得いかないことばかりです。多くの人にこの本のことを知ってほしいので、もっと宣伝してください。

福岡県
建築家 Mさま

この本があれば説明いらず

建築家の仕事は、最近でこそテレビの影響もあり少しずつ知られるようになりましたが、リフォームやリノベーションではまだまだ認知度は低いです。この本があればお客様に一から説明する必要もなく、また建築家の仕事の必要性もご理解頂けると思います。非常にありがたい1冊です。

兵庫県
建築家 Tさま

もっと理解してくれると期待

お客様は工事にかかる費用は何となく把握されていますが、我々建築家の設計や監理にかかる費用は理解されていない方がほとんどです。我々が説明しても半信半疑のようですが、この本を先に読んでもらえればもっと理解してくれるのではと期待しています。

東京都
建築家 Kさま

今さらながら勉強になった

家の内部のことは当然自信がありましたが、外部の塗装工事については私も正直あまり知りませんでした。今さらながら勉強になりました。次の現場の監理に活かしたいと思います。

【著者略歴】

堤 猛（つつみ・たけし）

株式会社ゆうネット 代表取締役

昭和49年生まれ。福岡県八女市出身。明治大学政治経済学部卒業。住宅リフォーム会社勤務を経て、平成16年に全国41都道府県の優良な工務店・塗装会社（950社）で組織する「優良工事店ネットワーク」を設立。その後、全国の建築家（221名）で組織する「優良建築家ネットワーク」を設立。新築やリフォームをお考えの消費者に様々な「お役立ち情報」を提供しながら、希望者には建築家＋工事店の紹介サービスも行っている。自身の書いた冊子『リフォームの青本』『外壁塗装の赤本』『家づくりの教科書』は累計発行部数67万部を超え、著書には『60分でわかる！ 建築家とつくる「いい家」づくりの教科書』（クロスメディア・パブリッシング）がある。平成30年に上皇后陛下に拝謁、紺綬褒章を受章。

「超簡単」60分でわかる！ リフォーム・外壁塗装の教科書

2020年2月1日 初版発行
2022年11月7日 第5刷発行

発行 **株式会社クロスメディア・パブリッシング**

発行者 小早川幸一郎
〒151-0051 東京都渋谷区千駄ヶ谷4-20-3 東栄神宮外苑ビル
http://www.cm-publishing.co.jp

■本の内容に関するお問い合わせ先 …………………… TEL (03)5413-3140／FAX (03)5413-3141

発売 **株式会社インプレス**

〒101-0051 東京都千代田区神田神保町一丁目105番地

■乱丁本・落丁本などのお問い合わせ先 ……………… TEL (03)6837-5016／FAX (03)6837-5023
service@impress.co.jp
（受付時間 10:00～12:00、13:00～17:30 土日・祝日を除く）
※古書店で購入されたものについてはお取り替えできません

■書店／販売店のご注文窓口
株式会社インプレス 受注センター ……………………… TEL (048)449-8040／FAX (048)449-8041

カバーデザイン 齊藤稔（G-RAM）
本文デザイン 安井智弘
印刷・製本 株式会社シナノ
マンガ 岩尾哲（原作）、塚本香織（漫画）
校正・校閲 konoha
ISBN 978-4-295-40382-1 C0052